I0754793

Von Pulverdampf und Schlachtidyll

»Weißes Gold« aus der Frankenthaler Manufaktur

Alfried Wieczorek und Christoph Lind (Hrsg.)

VON PULVERDAMPF UND SCHLACHTIDYLL

»Weißes Gold« aus der Frankenthaler Manufaktur

Publikationen der Reiss-Engelhorn-Museen Band 82

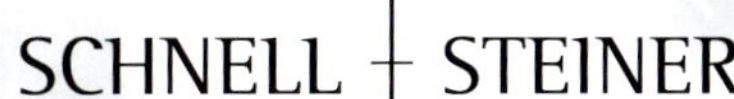

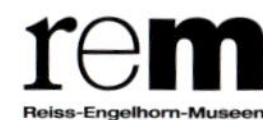

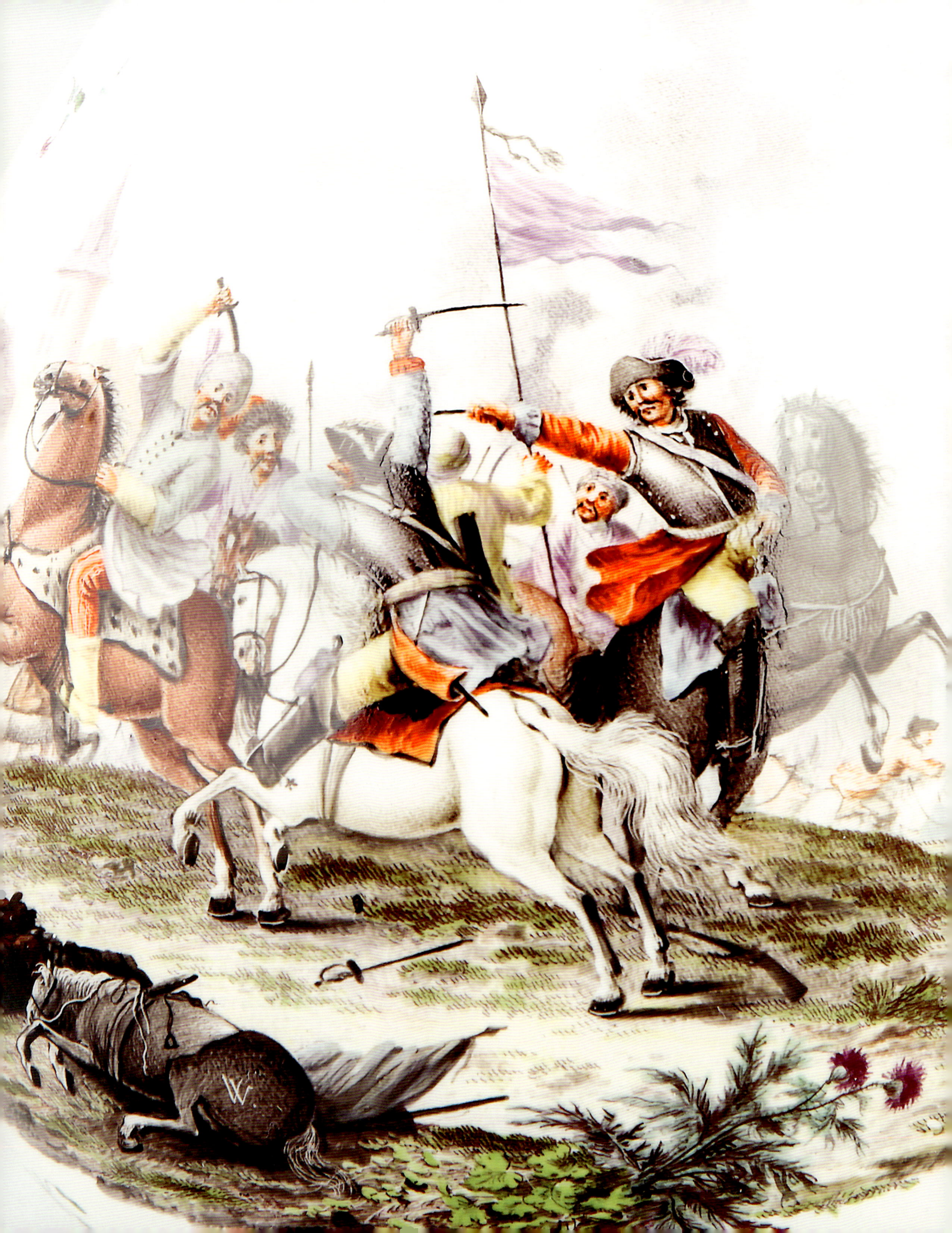

ZUM DANK

»Geschenke von Freunden« lautet der Titel eines Dankes, veröffentlicht in Buchform vor nunmehr fast 20 Jahren anlässlich des dreißigjährigen Bestehens des Förderer-kreises für das damalige Reiss-Museum Mannheim, dem Vorläufer der heutigen Reiss-Engelhorn-Museen. Es ist dies eine eindrucksvolle Kompilation prominenter Schenkungen an unser Museum, ein stolzer Beweis für das bürgerliche Engagement für unser Haus, Wertschätzung für unsere Sammlungen und das Interesse an unseren Sammlungsschwerpunkten.

Gute Freunde haben sich auch maßgeblich an der Generalsanierung und der Ertüchtigung des Mannheimer Zeughauses als dem historischen Stammhaus der Reiss-Engelhorn-Museen beteiligt und die glanzvolle Wiedereröffnung zum Stadtjubiläum 2007 ermöglicht. Dieser jüngste kurfürstliche Großbau in Mannheim bildet den passenden Rahmen für die Präsentation unserer Sammlungen des 18. Jahrhunderts, die maßgeblich den Mannheimer Hof thematisieren und in dessen Zusammenhang stehen: ein Querschnitt kurfürstlicher Prachtentfaltung, ein Kaleidoskop des höfischen Lebens im ausgehenden 18. Jahrhundert.

Ein besonderer Höhepunkt ist die Präsentation des Bataillenservices – des Services mit Schlachtendarstellungen – aus der Frankenthaler Porzellanmanufaktur: Dieses einzige vollständig erhaltene Service mit seinem geradezu unglaublichen Erhaltungszustand zeigt seine Prominenz allein schon durch den Verweis auf den Kurfürsten Carl Theodor durch das »CT«-Monogramm. Die makellose Ausführung, vor allem aber die qualitätvolle Zeichnung und Ausführung der Bataillenmotive von den besten und namhaftesten Malern der Frankenthaler Manufaktur weisen das kostbare Service als ein Juwel unserer Sammlung aus.

Diese einzigartigen Meisterstücke verdanken wir der Großzügigkeit und der Kennerschaft von Traudl Engelhorn-Vechiatto, die dieses Service für die Reiss-Engelhorn-Museen erworben hat. Ein großer Glücksfall für unser Haus, eine kostbare Bereicherung für die Bestände der Kunst- und Kulturgeschichtlichen Sammlungen und ein Highlight der Präsentation. Von ganzem Herzen danken wir der Stifterin für dieses einzigartige Geschenk; es ist ein Höhepunkt innerhalb des umfangreichen Engagements, das sie in der Vergangenheit für unser Haus gezeigt hat und das sie in Zukunft dankenswerterweise weiterhin zu zeigen bereit ist. »Gute Freunde« sind wichtig für jedes Museum; die Unterstützung, die die Reiss-Engelhorn-Museen durch Traudl Engelhorn-Vechiatto erfahren, geht über »Gute Freunde« weit hinaus.

Gerne wollen wir mit dieser Publikation ein hoffentlich weithin sichtbares Zeichen unseres tiefempfundenen Danks setzen, welches einerseits die Schenkung von Traudl Engelhorn-Vechiatto gebührend in den Mittelpunkt stellt und andererseits ein nobles und detailreiches Licht auf das einzigartige Bataillenservice wirft. Wir sind darüber sehr glücklich und überaus stolz.

Mannheim, im Juli 2017

Alfried Wieczorek
Christoph Lind

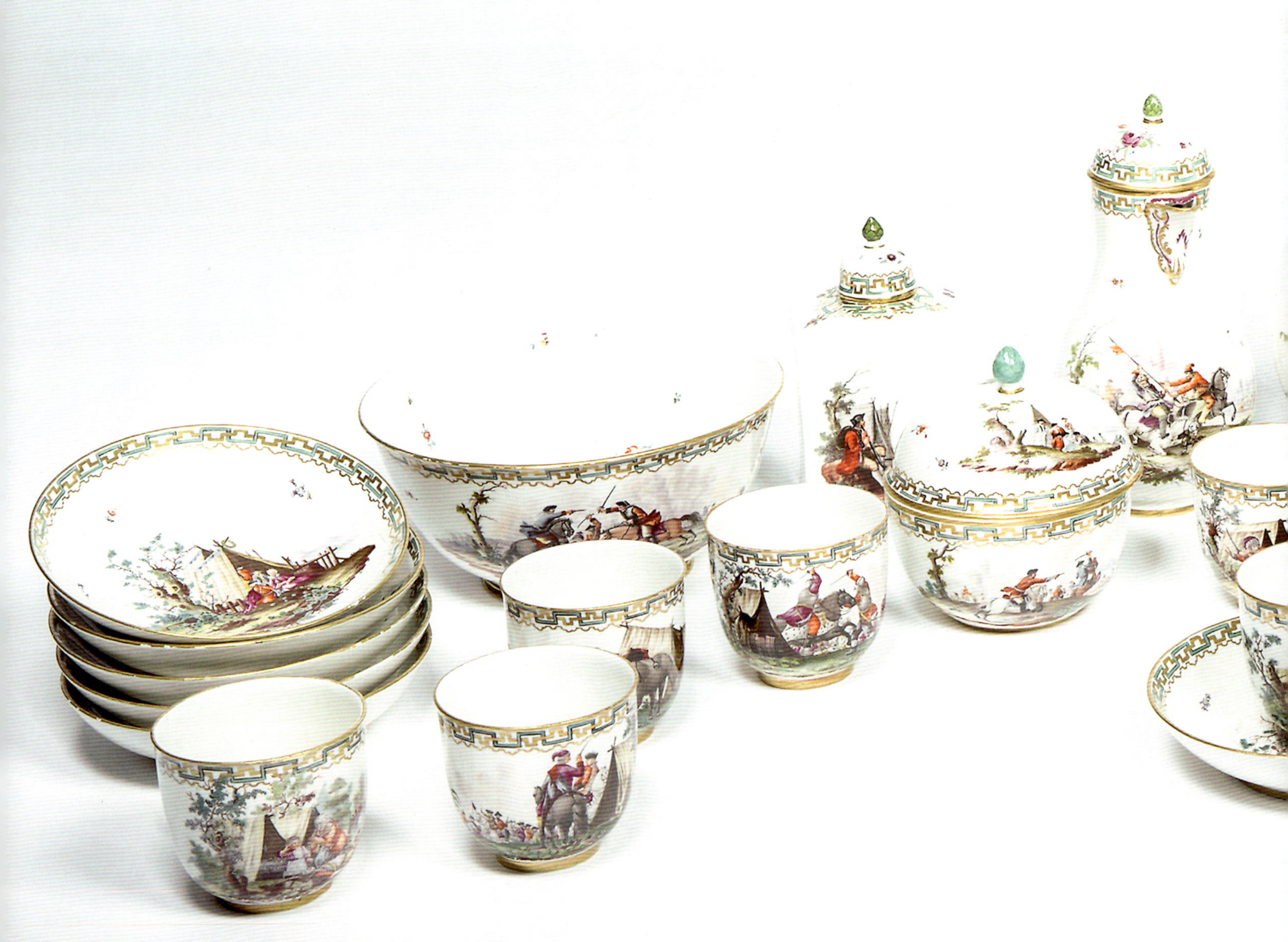

Barbara Beaucamp-Markowsky

KAFFEE- UND TEESERVICE

mit bunten Schlachtenszenen und
grün-goldenen Mäanderbordüren,
signiert von Christian Heinrich Winterstein
Frankenthal, um 1766

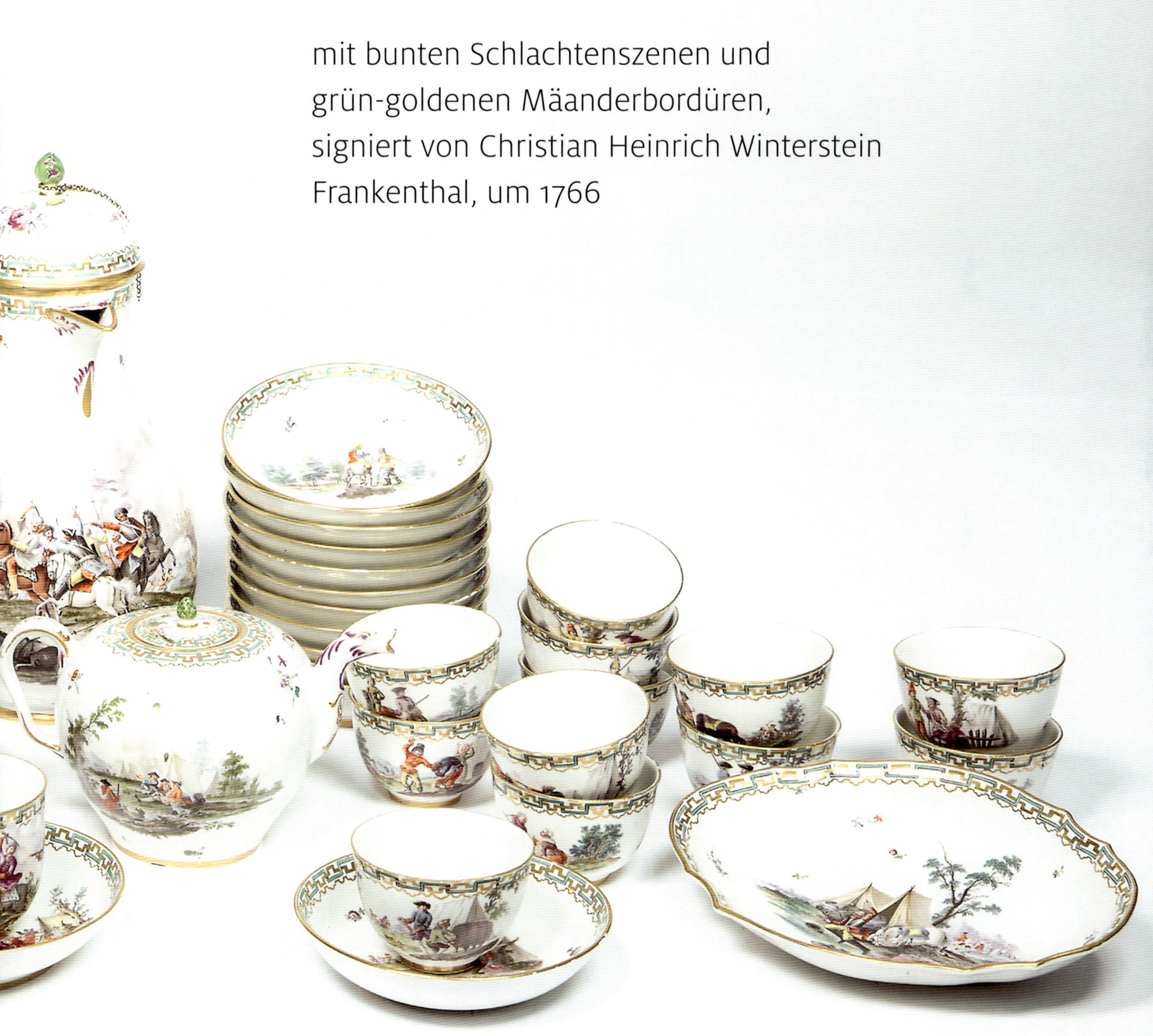

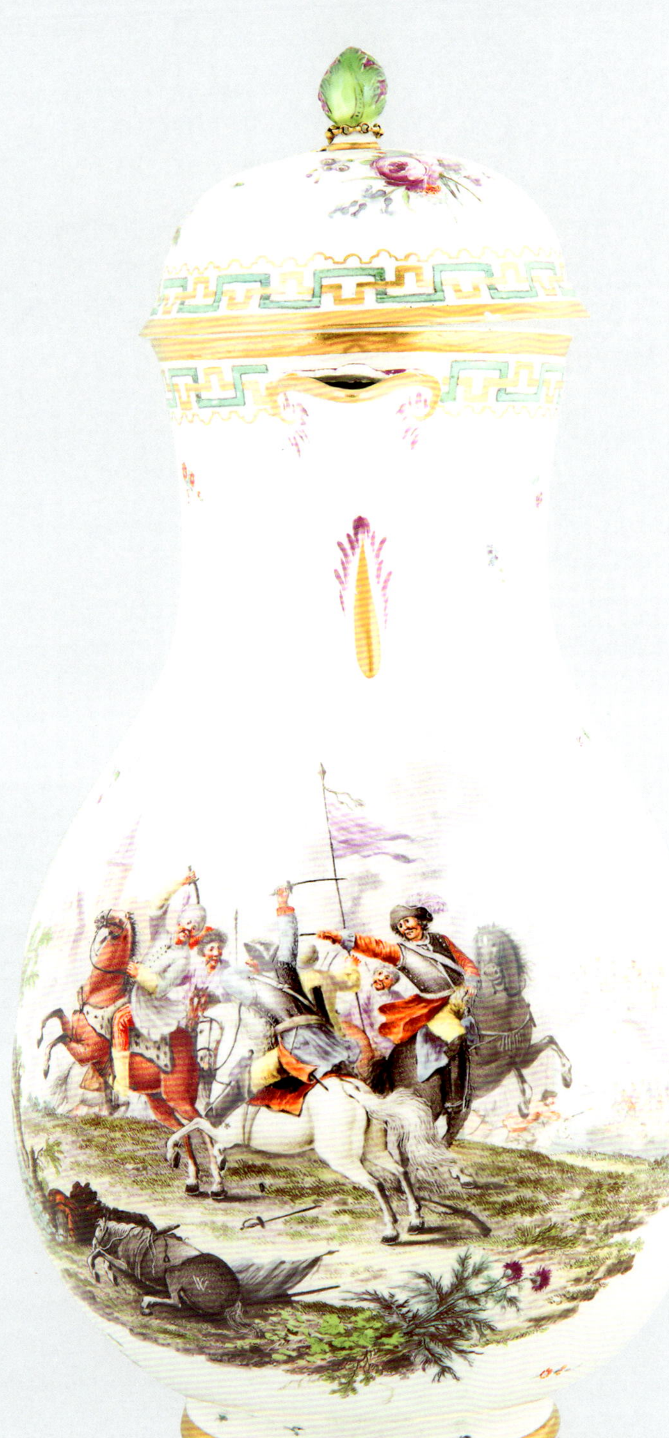

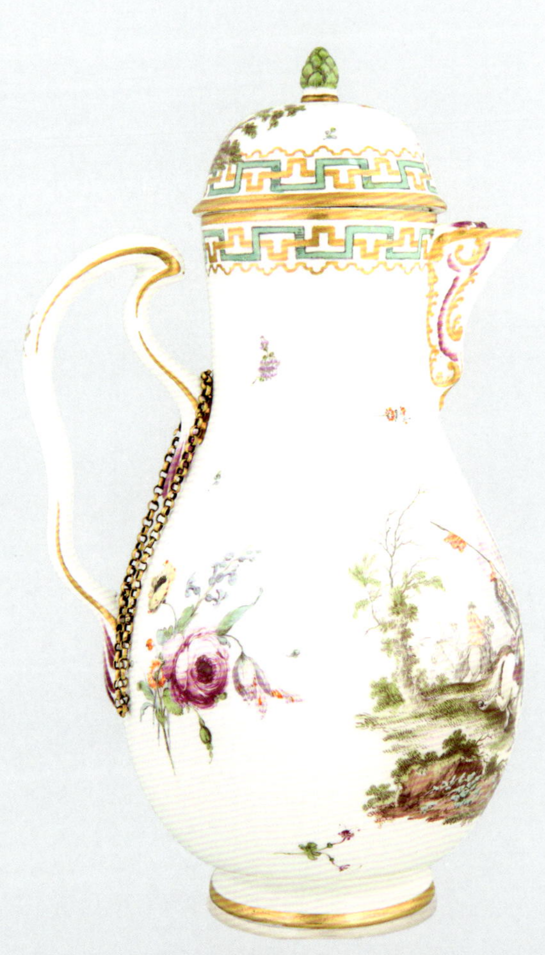

Das mit 43 Einzelteilen vollständig erhaltene Kaffee- und Teeservice ist ein brillantes Zeugnis kurpfälzischer Porzellankunst. Dies gilt auch für seinen Umfang, sind doch die meisten Service des 18. Jahrhunderts heute nur in Einzelteilen überliefert und über viele private und öffentliche Sammlungen verstreut.[1]

Das Service umfasst eine Kaffee- und Teekanne, Milchkanne, Zuckerdose, Teeflasche, Spülkumme, Zuckerschale, sechs hohe Bechertassen und zwölf flache Tassen, sämtlich mit Untertassen. Die Modelle von Kaffeekanne und der kleineren Milchkanne (Abb. S. 10) stimmen mit geringen Abweichungen überein – birnförmig auf gekehltem Standring, mit Schnabelausguss und gewelltem Bandhenkel mit Blattansätzen und Haubendeckel. Aus der kugeligen, nach unten verjüngten Teekanne (Abb. S. 12) erwächst ein kurzer, geschwungener »Schlangenleib« als Ausguss, der Henkel ist geformt wie bei den hohen Kannen, der kleine flache Deckel mit einem Pinienzapfenknauf besetzt. Hochrechteckige Teeflasche (Abb. S. 14) mit abgerundeter Schulter, zylindrischem Hals und kleinem Haubendeckel mit Zapfenknauf, die runde Zuckerdose (Abb. S. 16) mit hoch gewölbtem Deckel in Kugelform. Die Kumme (Abb. S. 17) mit ausgezogenem Rand und die flache, ovale Zuckerschale (Abb. S. 18) vervollständigen die Hauptteile des Services, dessen ganzer Reichtum sich mit den sechs becherförmigen und den zwölf niedrigen, halbkugeligen Tassen und ihren schalenförmigen Untertassen offenbart. Sämtliche Tassen haben Schlaufenhenkel – bei den flachen Tassen am Ansatz unten leicht nach außen geschweift, bei den hohen Tassen mit Blattansätzen – und einen hohen Standring (Abb. S. 20).

Alle Serviceteile sind unterglasurblau bezeichnet mit dem Monogramm von Kurfürst Carl Theodor »CT« unter dem Kurhut (Abb. S. 18). Ab 1762 verwendet, bezeugte dies den Stolz des Kurfürsten auf seine neue Luxusmanufaktur, die er 1762 von ihrem Vorbesitzer, dem Straßburger Keramikunternehmer Joseph Adam Hannong, erworben hatte. Der größte Teil des Services trägt zusätzlich in Unterglasurblau

KAFFEEKANNE MIT REITERSCHLACHT
signiert von Christian Heinrich Winterstein, Frankenthal, um 1766

MILCHKANNE MIT REITERSCHLACHT
Seitenansicht, Frankenthal, um 1766

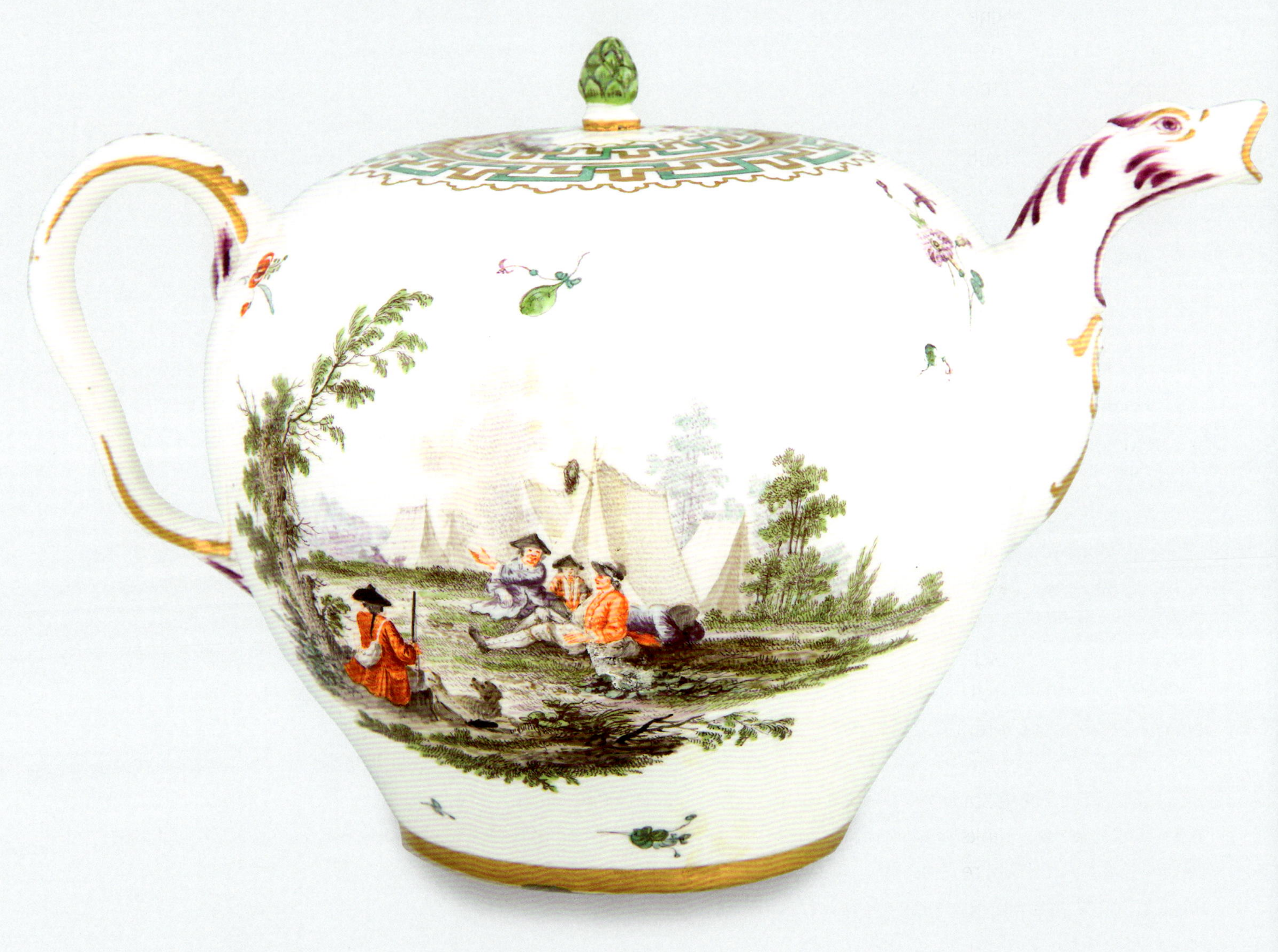

TEEKANNE MIT LAGERNDEN SOLDATEN
Frankenthal, um 1766

die Initialen »AB« oder »B« des ersten Direktors der kurfürstlichen Manufaktur, Adam Bergdoll (1720–1797), was sich um 1765 bis um 1768 nachweisen lässt. Eine unterglasurblau beigefügte »6« lässt auf 1766 als Entstehungsjahr schließen. Sämtliche Teile des Services sind bemalt mit farbigen »Bataillen Stück«, Schlachtenszenen, die vergoldeten Ränder umzogen von einer doppelten Mäanderbordüre in Grün und Gold. Auf den freien Flächen dazwischen bunte Streublumen – mit Ausnahme der Teeflasche –, ebenso im Innern der Kumme. Der Standring der Tassen ist ganz vergoldet, den Standring der Kumme umzieht eine goldene Ringlinie, der Fußrand der übrigen Teile hat eine Goldkante oder ist teilvergoldet.

Auf den 43 Einzelteilen des Services entfaltet sich ein bewegtes Panorama von Reiterkämpfen und Szenen aus dem Soldatenleben. Die wichtigsten und umfangreichsten Darstellungen finden sich auf den großflächigen Gefäßen – dominiert von der großen Kaffeekanne (Abb. S. 10). Auf hügeligem Terrain tobt ein Kampf von vier Reitern – zwei davon im Brustharnisch, im Hintergrund ein Kämpfer mit pelzbesetzter Mütze, im Vordergrund links ein Säbel schwingender Orientale mit Turban auf einem Leopardenfell. Im Vordergrund ausgestreckt ein gestürztes oder verendetes Pferd, auf dessen linker Hinterhand eingeritzt ein »W.«. Im Hintergrund in zartem Sfumato angedeutete Stadtansichten, das Bildfeld vorne halbrund eingefasst, links mit knorrigem Astwerk und einer blühenden Distel rechts. Das dramatische Gefecht ist das Herzstück einer Radierung von Jean Moyreau (1690–1763), *La Défaite des Sarazins* von 1745 (Abb. S. 22), die Niederlage der Sarazenen, nach einem Gemälde von Philips Wouwerman (1619–1668), seit 1769 in der Eremitage in St. Petersburg.[2] Es zeigt eine Schlacht aus den Türkenkriegen des 17. Jahrhunderts, die der Stecher auf die mittelalterlichen Sarazeneneinfälle ummünzte. Winterstein verwendete für seine Darstellung einen seitenverkehrten Nachstich und nahm einige Veränderungen vor, auffällig vor allem bei dem Soldaten auf dem Schimmel vorn, der statt eines breitkrempigen Schlapphuts mit Federbusch aus der Zeit des Dreißigjährigen Krieges einen Dreispitz trägt und so der militärischen Tracht des 18. Jahrhunderts angepasst ist. Das am Boden liegende Pferd im Vordergrund links fügte Winterstein der Komposition bei und nutzte es für seine diskrete wie markante Signatur.

Die Milchkanne bietet ein ähnliches, aber etwas kleineres Bildfeld (Abb. S. 23) als die Kaffeekanne. Ein heftiges Duell mit zwei Reitern in ähnlicher Landschaftskulisse ist nicht minder dramatisch – aus Maul und Nüstern des gestürzten Schimmels strömt Blut. Für diese Szene ließen sich der historische Zusammenhang und seine Bildquelle ermitteln. Die Gruppe ist einer Radierung von Jacques-Firmin Beauvarlet (1731–1797) nach einem Gemälde von August Querfurt (1696–1761) entnommen, welche die Belagerung des schlesischen Olmütz im Siebenjährigen Krieg (1756–1763) zeigt. Von dem gewaltigen Schlachtgetümmel zwischen österreichisch-ungarischen Reitern und preußischen Kürassieren ist der Zweikampf zwischen einem zu Boden gehenden Preußen und einem ungarischen Panduren herausgegriffen. In der Sammlung von Kupferstichen, die der Porzellanmanufaktur als wertvoller Bilderschatz diente, besaß dieses großformatige Blatt zeitgenössische Aktualität, fand die Belagerung von Olmütz doch 1758 statt. In der Frankenthaler Manufaktur wurde die ganze Schlacht umlaufend als Bildfries auf einer von zwei Prunkvasen – heute in den Sammlungen der Reiss-Engelhorn-Museen – dargestellt.[3]

Reihte man alle Tassen und Untertassen aneinander, so ließen sich die »Bataillen Stück« als laufender Bilderbogen lesen. Um die zentralen Reiterkämpfe auf den beiden großen Kannen und der Kumme herum bieten sich Einblicke in das Soldatenleben in allen Facetten – Gefechte mit Pistolen, Säbeln und Lanzen, Lagerleben mit Zelten und Marketenderinnen, Offizieren bei der Lagebesprechung, grausam Verwundete und – auf einer

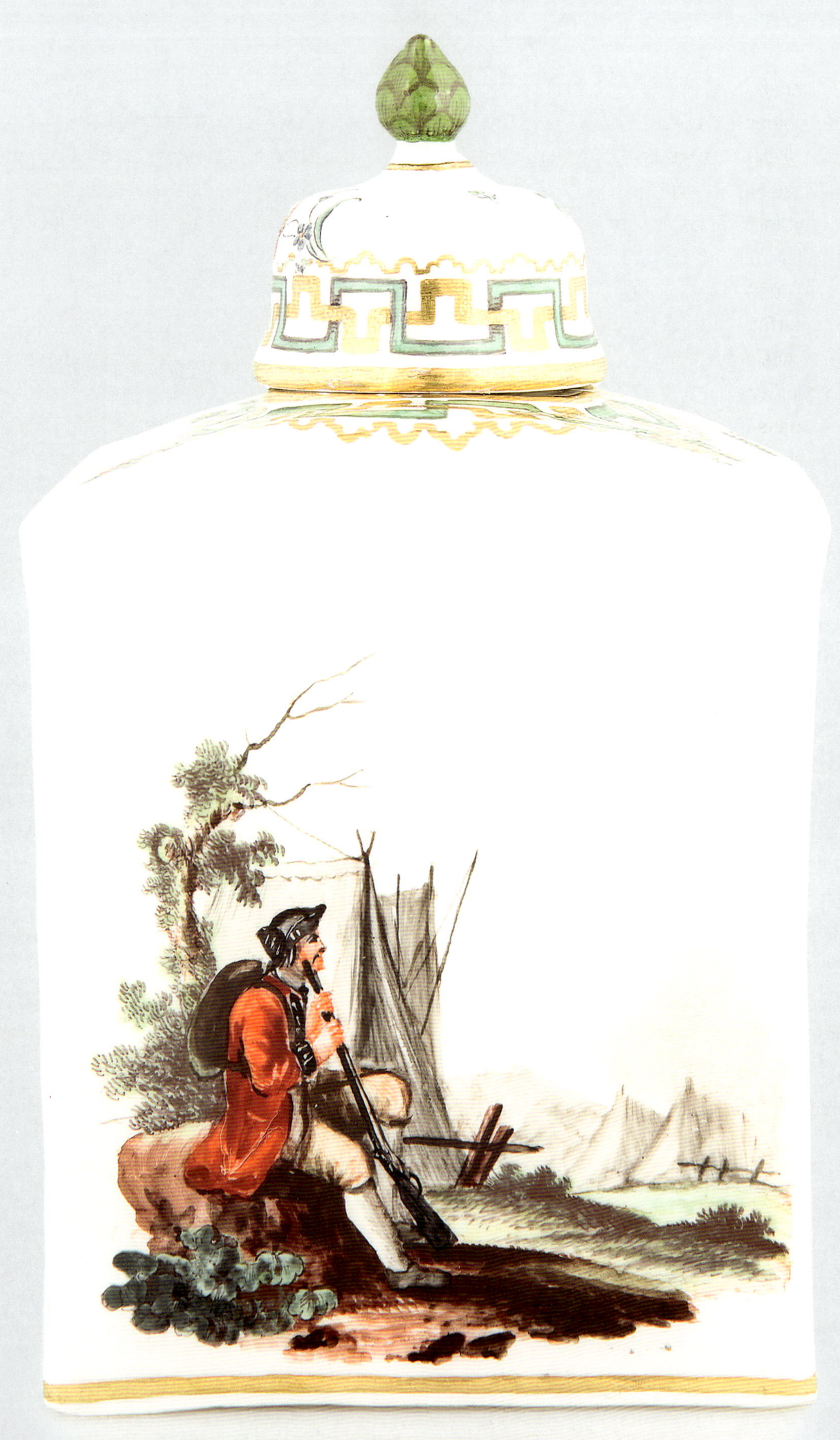

Bechertasse – ein schneebleicher sterbender Soldat, beweint von einem kleinen Kind und einer betenden Frau. Seine Einheitlichkeit verdankt das Service dem Dekor – statt mit »Watteau Figuren«, Putten, Blumen oder Früchten ist es bemalt mit »bunten Bataillen Stück«, wie es in der Preisliste aller »Gattungen Porcelan-Waaren« der Frankenthaler Manufaktur (1777) angeboten wird. Keinesfalls wurden hierfür geschlossene Bildzyklen als Vorlagen verwendet. Aus dem großen Vorrat an Stichen in der Manufaktur konnten die Künstler nach Geschmack auswählen, um die Sujets je nach Größe der Malfläche den einzelnen Geschirrteilen anzupassen. So können Szenen und Figuren aus zeitlich weit auseinanderliegenden Schlachten auf einem Service vereint sein – wie auf der Milchkanne der Reiterkampf aus dem Siebenjährigen Krieg (1756–1763) mit den Türkenkriegen des 17. Jahrhunderts auf der großen Kanne. Auch Kombinationen einzelner Figuren und Gruppen – Soldaten bei der Rast, im Nahkampf, zu Pferde oder verwundet – nahm der Maler nach eigenem Gutdünken und Größe der Bildfläche vor (Abb. S. 24/25).

Auf dem bauchigen Hauptstück des Services, der großen Kaffeekanne, ist die figurenreichste Szene vorn über die ganze Schauseite gebreitet (Abb. S. 21). Die prachtvollen Pferdeleiber und das Quartett sich niedermetzelnder Reiter bilden den dramatischen Höhepunkt der »Bataille«. Mit dem »W.« auf der Hinterhand des Pferdes im Vordergrund gibt sich Christian Heinrich Winterstein (gest. 1795) zu erkennen. Seit Beginn der kurfürstlichen Ära in Frankenthal (1762), zählte er unter dreißig namentlich bekannten Malern zu den sechs besten der Manufaktur. Seine jahrzehntelange Tätigkeit und sein hoch geschätztes Können als »Historien-Mahler« dokumentieren sich auch in den Manufakturakten. Sein Stil, bei welchem feinste Tüpfelmanier mit aquarellartigem Farbauftrag wechseln, naturalistisches Astwerk und blühende Disteln den Terrainsockel säumen, während das Kampfgeschehen auf einer steinernen Brücke und eine Stadtsilhouette in pastelligem Sfumato im Hintergrund verschwimmen, lässt sich auf der signierten Kanne studieren. Von seiner Hand sind auch die Malereien auf den anderen Hauptstücken des Services – mit Ausnahme der später ergänzten Teeflasche –, auf den hohen Tassen und wohl auch den großen Untertassen. Die kleinen Untertassen zeigen kleinere, kompakte Erdsockel mit weniger reichem, locker ausgeführtem Bewuchs, die figürliche Staffage ist sparsamer, die Pferdemalerei anspruchsvoll. Wie in den Porzellanmanufakturen üblich, arbeiteten auch andere, dort ausgebildete Buntmaler an weniger prominenten Teilen des Services. Für die dekorativen Mäanderborten und die Vergoldung waren wieder andere Spezialisten am Werk – sie bezeichneten ihre Arbeit häufig auf den Unterseiten des Geschirrs. Verschiedentlich findet sich auf Satteldecken oder Standarten ein spiegelbildliches »C«, auf einer hohen Tasse sogar ein »CT« auf einer Standarte (Abb. S. 20). Eine Auflösung des »CC«-Monogramms ist fraglich, »CT« als Carl Theodor könnte eine Huldigung des Malers an den kurfürstlichen Fabrikherrn sein.

Das früheste Zeugnis von Arbeiten Wintersteins in Frankenthal ist ein Kaffee-, Tee- und Schokoladenservice mit »Bauernszenen«, datiert »1764«, verteilt auf das Residenzmuseum München und das Schlossmuseum Berchtesgaden. Die meisten Teile sind rotviolett bezeichnet

**TEEFLASCHE
MIT RASTENDEM SOLDATEN**
spätere Ergänzung,
Frankenthal, 1775

ZUCKERDOSE MIT SCHLACHTENSZENEN

Frankenthal, um 1766

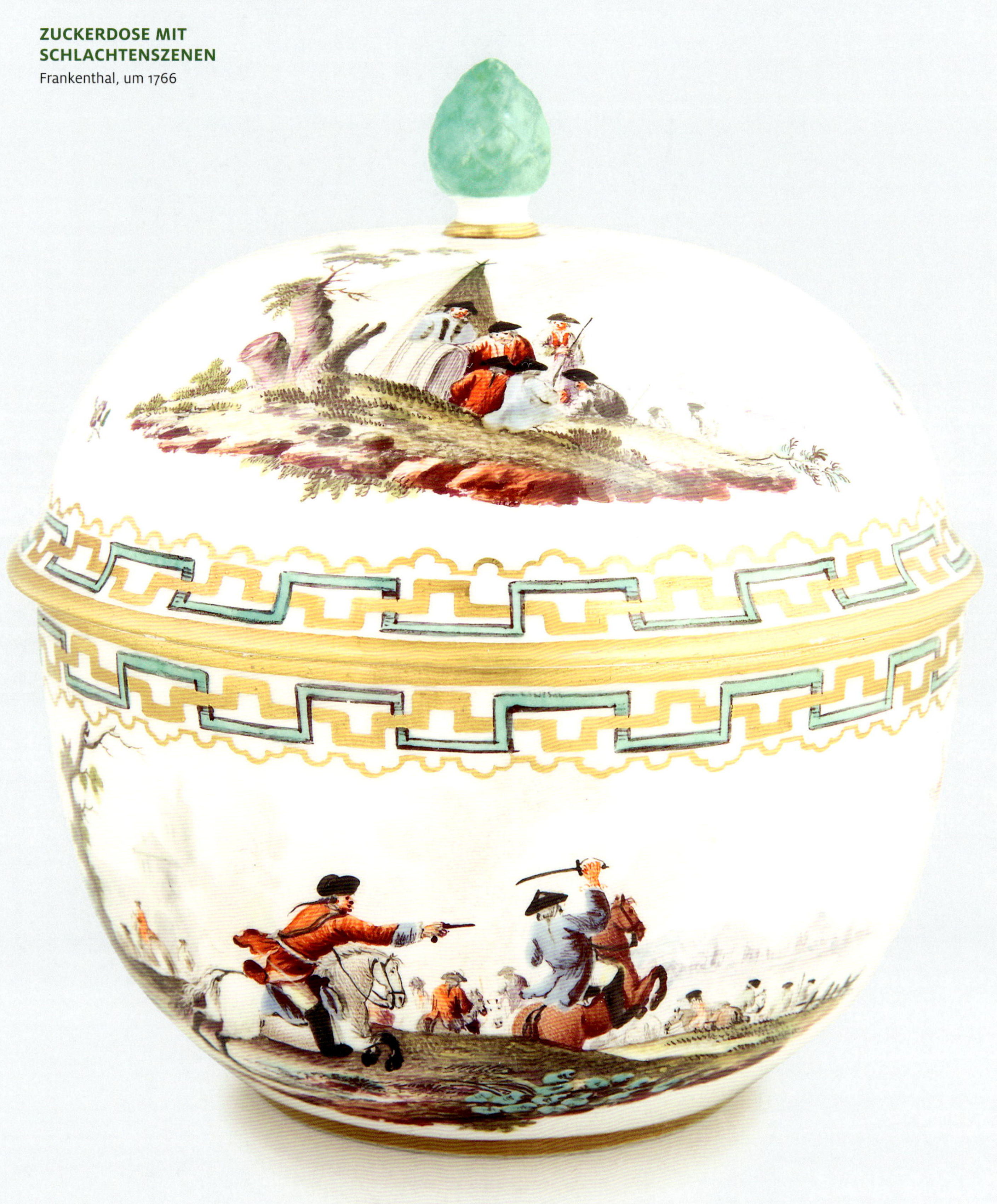

KUMME MIT MARKETENDERZELT UND LAGERNDEN SOLDATEN

Frankenthal, um 1766

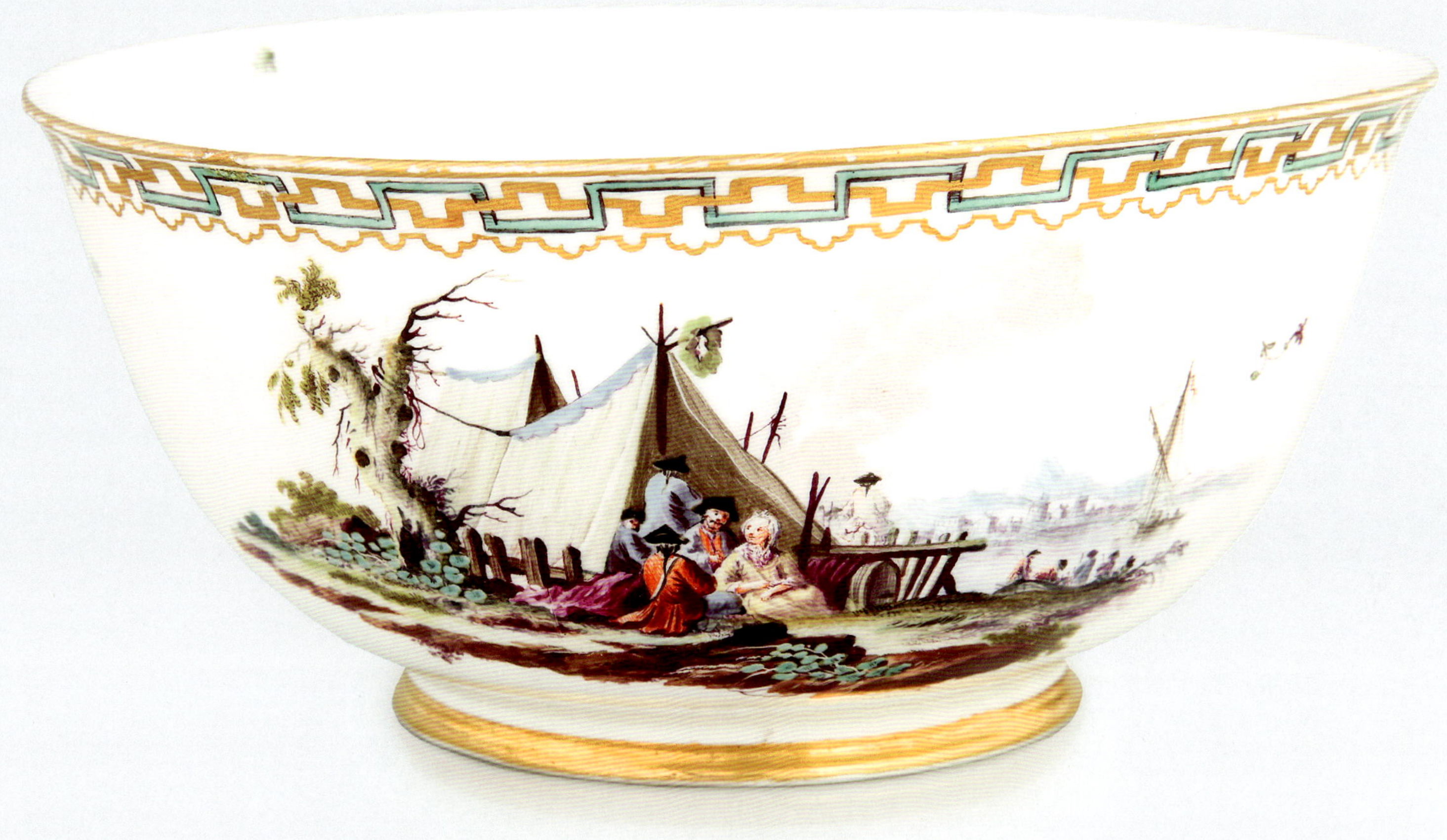

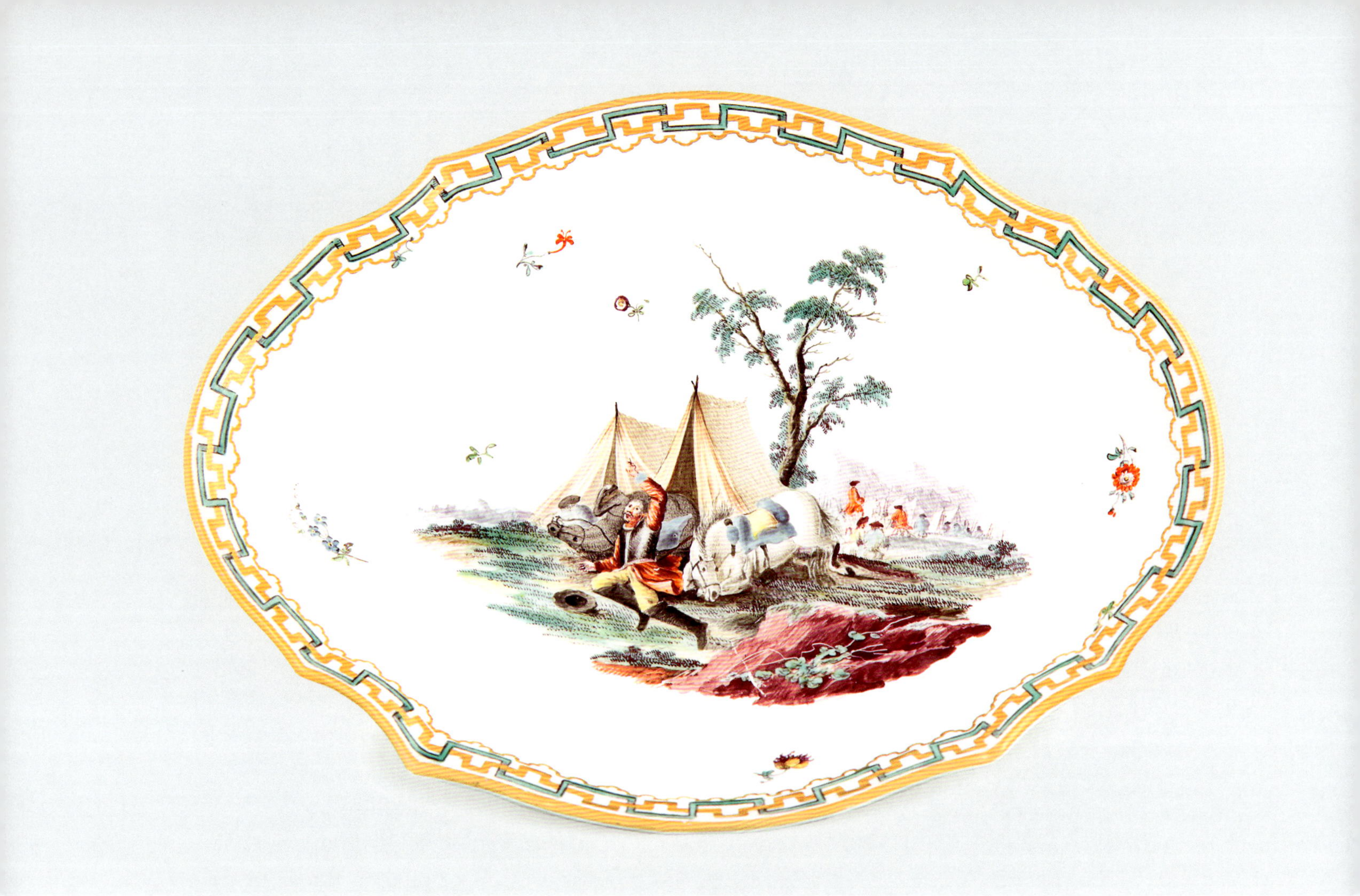

ZUCKERSCHALE MIT GESTÜRZTEM SOLDATEN UND ZWEI IM KAMPF ZU BODEN GEGANGENEN PFERDEN

Frankenthal, um 1766

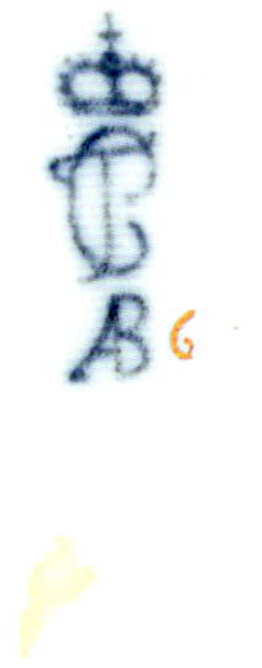

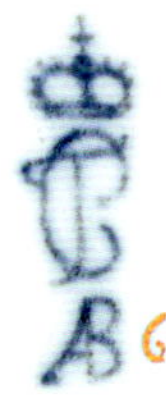

KURFÜRSTLICHE MARKE

»CT« mit Kurhut und Beizeichen »AB« und »6« (Gold) auf der Zuckerschale (s. oben)

»Wi« oder »W«, eine Milchkanne aber hat der Maler mit seiner vollen Signatur und Jahreszahl versehen: »Winterstein pinx. 1764«.[4] Eine Kaffeekanne mit »See-Prospekten«, Hafenansichten mit Kaufleuten und Handelsschiffen, bezeichnet »W.P.1767«, besitzt das Historische Museum der Pfalz in Speyer,[5] eine Kumme mit Flusslandschaft, Segelbooten und Kaufleuten, signiert »W.P.«, ist 1967 im Kunsthandel dokumentiert.[6] Eine Kumme mit Hafenansicht und Kauffahrteiszenen, bezeichnet »W 1.7.7.1«, und eine zugehörige Kanne befinden sich in privatem Besitz.[7] Die volle Signatur »Winterstein pinx.« weist das Tablett eines Frühstückservices – »Solitaire« – mit einer militärischen Lagerszene auf, ein weiteres in derselben Sammlung, bemalt in Sepia-Camaieu mit einer Flusslandschaft und Kaufleuten, trägt die Signatur »W.p.« und die Jahreszahl »81« oder »83«.[8]

Es ist ein glücklicher Umstand, dass die Reiss-Engelhorn-Museen ein weiteres Frankenthaler Kaffee- und Teeservice mit reichen »Bataillen Stück« besitzen – Schlachtenszenen in Purpurcamaieu, eingefasst von goldenen Rocaillekartuschen auf seegrünem Fond (Abb. S. 40/41). Die Reiterschlachten auf den großen Kannen sind signiert von Bernhard Magnus (um 1745–1798).[9] Magnus und Winterstein, beide zu den besten »Historien-Mahler« und »Figurenmahler« zählend, waren einander lebenslang beruflich und freundschaftlich verbunden. Beide hatten ihre Ausbildung in der Kurmainzischen Porzellanmanufaktur Höchst begonnen und wechselten mit deren Direktor (ab 1759), Johann Adam Bergdoll (1720–1797), 1762 an die Manufaktur Frankenthal über, die Bergdoll bis 1775 leitete.[10] Beide Schlachtenservice entstanden nahezu gleichzeitig im ersten Jahrzehnt der kurfürstlichen Ära der Manufaktur. Fast könnte man meinen, die beiden Maler hätten im »Mahlerzimmer« miteinander bei der Ausführung der anspruchsvollen »Bataillen Stück« »einfärbig« oder in bunter »Mahlerei« gewetteifert. Christian Heinrich Winterstein bezog wie alle »Arbeiter« in der Manufaktur – das künstlerische wie das technische Personal – ein monatliches Gehalt, was bei den besten der Buntmaler 20 Gulden betrug. Ein Vielfaches kostete ein »vollständiges Caffee-Service«, reich bemalt mit bunten Schlachtenszenen und Randbordüren, eine Kaffeekanne allein 27 Gulden/45 Kreutzer nach der Preisliste der Manufaktur von 1777 – mehr als der Monatslohn eines ihrer besten Maler.

Die Frankenthaler Porzellanmanufaktur wurde nach dem Erwerb durch Carl Theodor von kurfürstlichen Beamten verwaltet. Die »Oberdirektion« lag bei dem jeweiligen Finanzminister. Dem Warenangebot und dessen nationaler und internationaler Vermarktung galt das ausdauernde Interesse der kurfürstlichen Verwaltung – sollte die Manufaktur doch mit ihren landeseigenen Luxusprodukten ihre Wirtschaftlichkeit zum Glanz der Kurpfalz entfalten. Doch machten sich die in der Nachfolge Meißens in der zweiten Hälfte des 18. Jahrhunderts neu entstehenden Porzellanmanufakturen untereinander Konkurrenz und der Verkauf aller »Gattungen von Porcelan-Waaren« blieb weit hinter den Erwartungen zurück. Zu den Verkaufsmagazinen in der Manufaktur in Frankenthal und im »Kaufhaus unter den Bögen« in Mannheim und den Frankfurter Messen unterhielt die Manufaktur zeitweise Niederlagen in Aachen, Mainz, Den Haag und Nancy. In Aachen unterhielt »Madame Beaufils« ein Geschäft mit Kommissionsware, für das die kurfürstliche Verwaltung ein anspruchsvolles Sortiment an Geschirr und Figurengruppen zusammenstellte, aufgelistet am 24. Mai 1776 im »Verzeichnüß derjenigen Porcelainewaaren, so auf Ordre einer hochlöblichen Commission vor Madame Beaufils in Aachen im hiesigen Magazin wohl choisiret und ausgesezet werden«.[11] Die Liste wird angeführt von sechs Kaffeeservicen mit bunter Malerei und goldenen Randverzierungen zu unterschiedlichen Preisen. Das erste ist »1 completes Caffee-Service in feinen Bataillen Stück, mosaique, grün & or«. Es ist mit 201 Gulden/45 Kreutzern das teuerste. Schlachtendekor

FLACHE TASSE
Frankenthal, um 1766

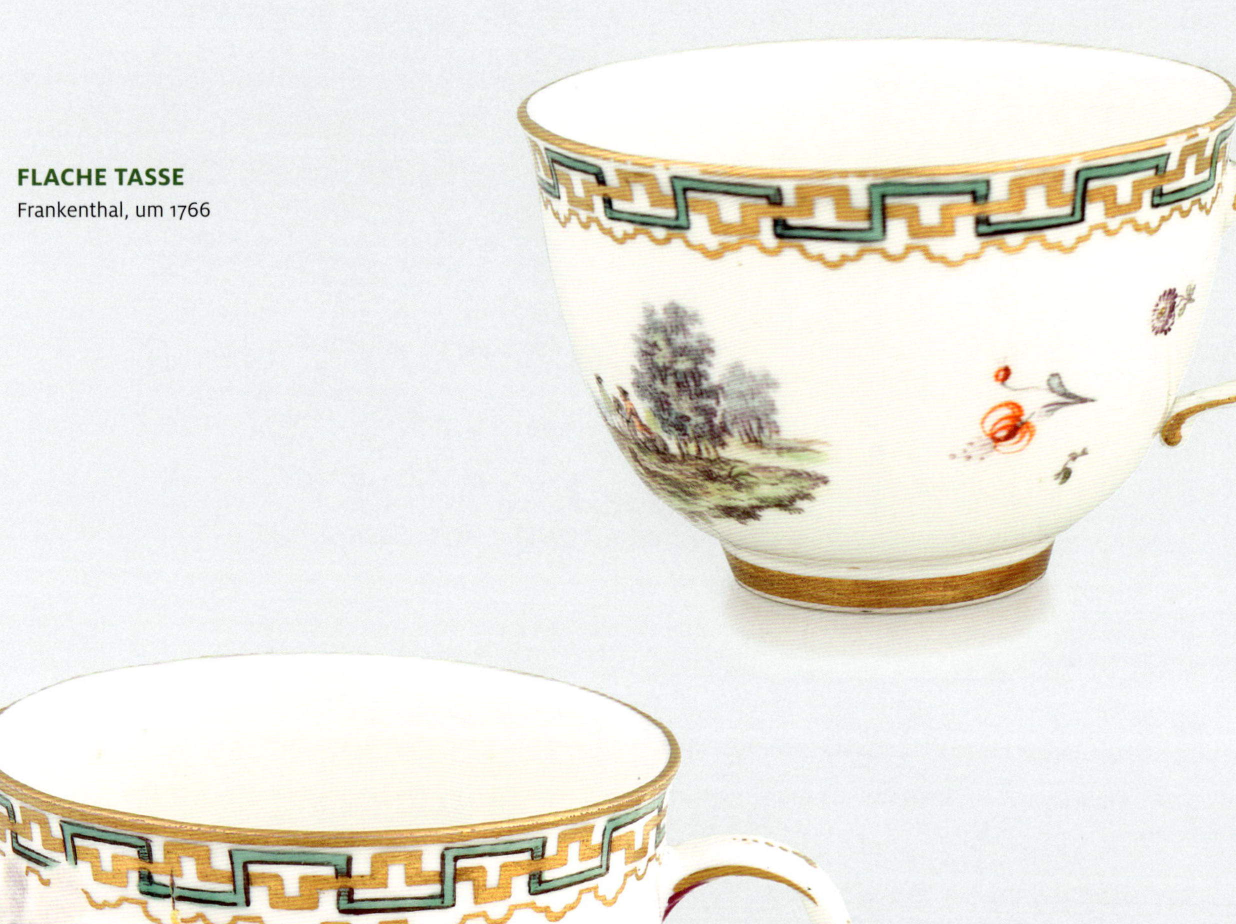

BECHERTASSE
Frankenthal, um 1766

DETAIL DER REITERSCHLACHT AUF DER KAFFEEKANNE
mit Signatur »W.« von Christian Heinrich Winterstein

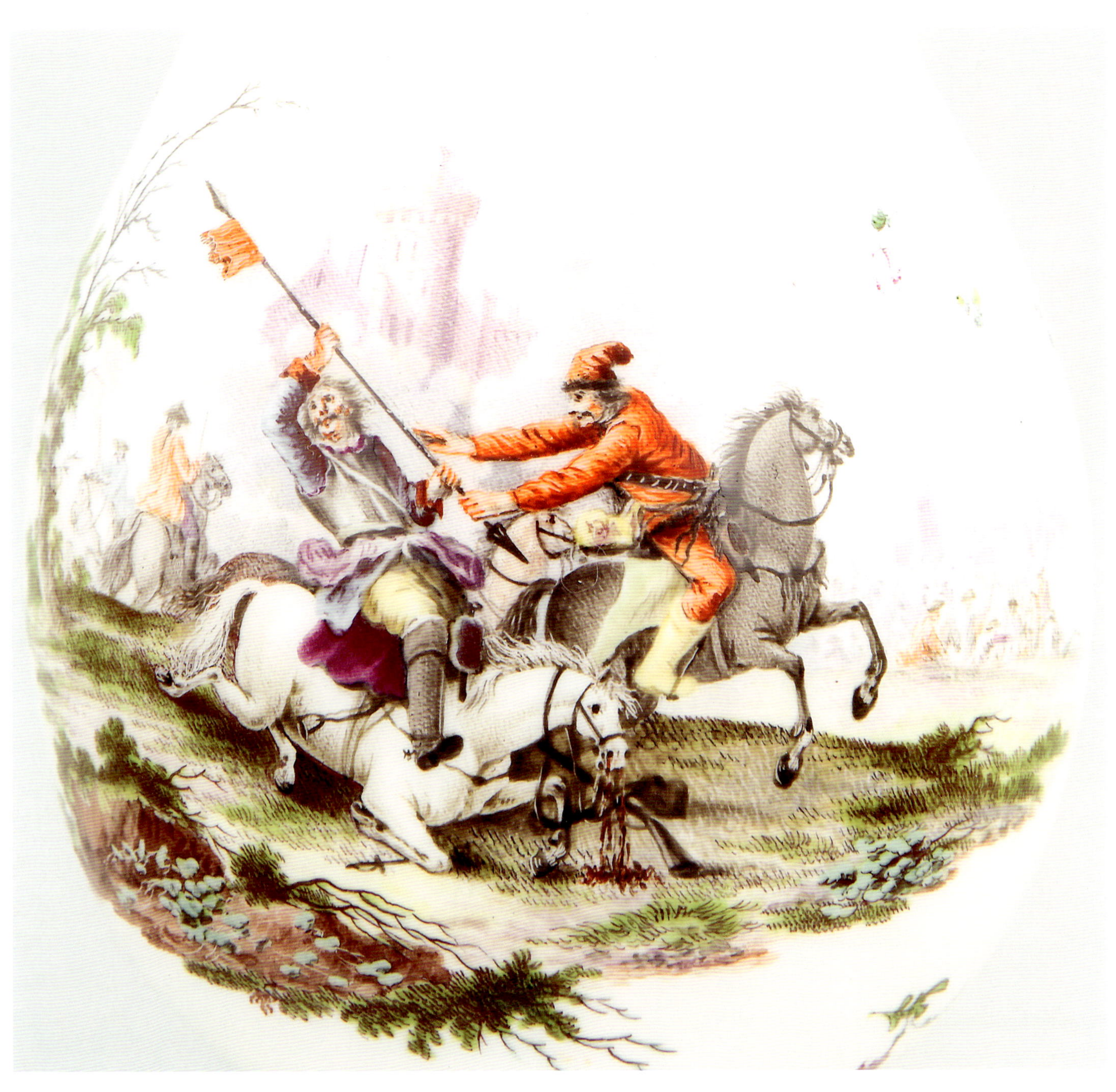

DETAIL DER REITERSCHLACHT AUF DER MILCHKANNE
(s. S. 10)

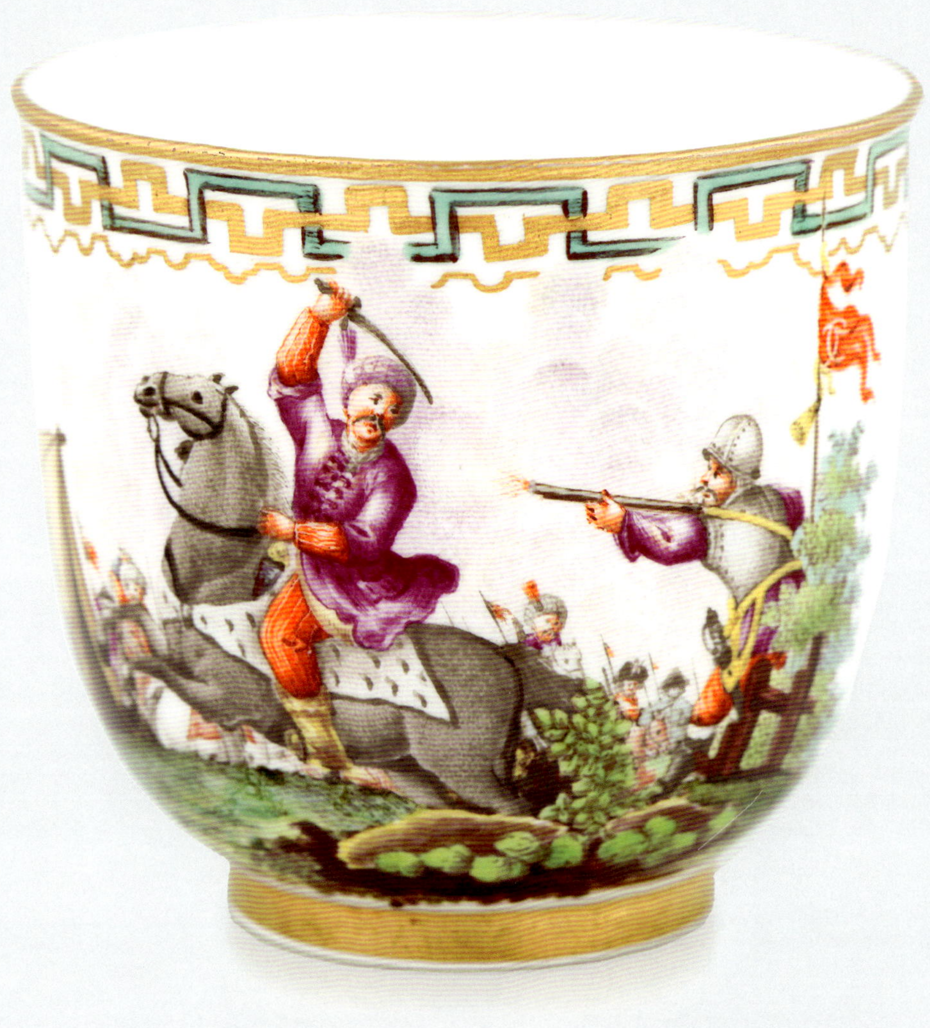

ZWEIKAMPF EINES ORIENTALISCHEN REITERS UND EINES FEUERNDEN SOLDATEN

(s. S. 20)

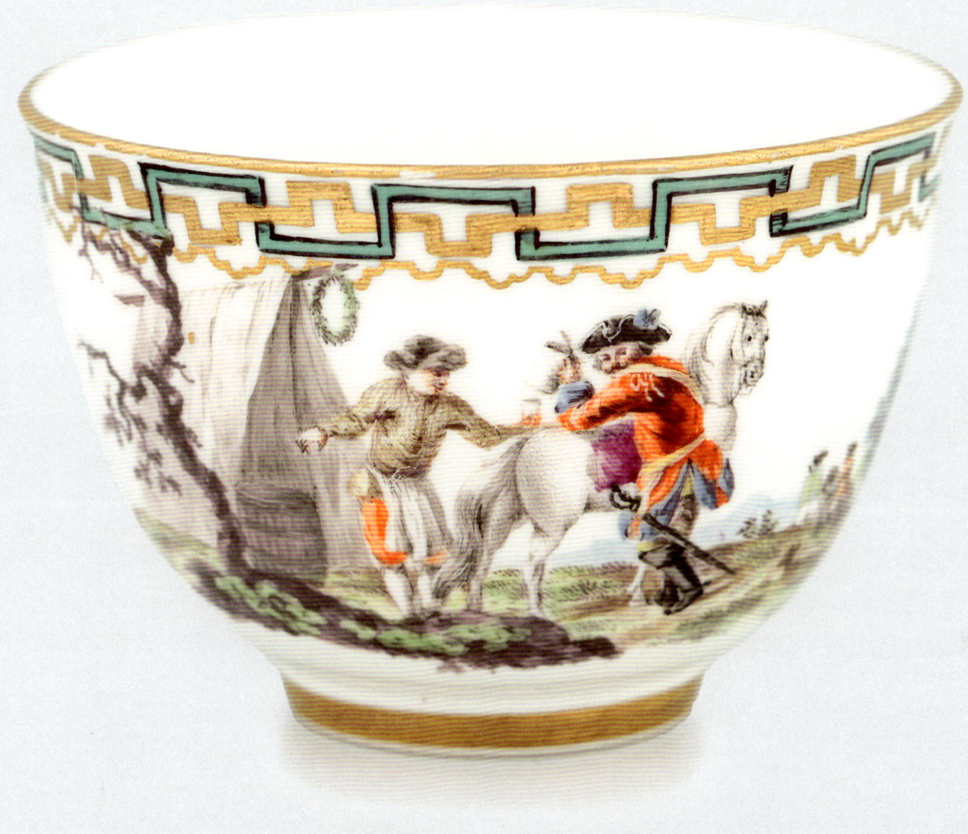

HÄNDLER UND SOLDAT MIT SEINEM PFERD VOR MARKETENDERZELT

(s. S. 20)

und Randbordüren in Grün und Gold lassen darin das Mannheimer Kaffee-und Teeservice vermuten. Sein hoher Preis von ursprünglich 285 Gulden mag dazu geführt haben, dass es im Frankenthaler Fabrikmagazin keinen Käufer fand und so nach einigen Jahren als Kommissionsware nach Aachen geliefert wurde. Zu diesem Anlass wurde dann auch eine fehlende Teeflasche ergänzt, worauf die auf das Jahr 1775 weisende Ziffer »75« auf dem Boden der Teeflasche weist. Der Preisnachlass von gut 84 Gulden ließ auf einen Käufer des Services in Aachen hoffen.

Die Kurfürstliche Manufakturkommission hatte hinsichtlich Aachen noch einen besonderen Aspekt im Auge – konnte man dort doch auch auf ein kaufkräftiges Publikum aus dem benachbarten Heilbad Spa und seinen »sich häuffig einfindenden Curgästen« hoffen (17. Mai 1776). Es ist verführerisch, bei der Provenienz des Services aus belgischem Adelsbesitz an die »Curgäste« aus Spa zu denken, die bei einem Ausflug nach Aachen ein überaus reizvolles Frankenthaler Kaffee- und Teeservice mit Bataillenminiaturen im Geschäft der Mme. Beaufils entdeckten, es erwarben und damit ihren Kuraufenthalt krönten.

Maße, Marken und Zeichen

KAFFEEKANNE
Höhe 27/22 cm (mit/ohne Deckel)

Unterglasurblaue Marke »CT« mit Kurhut und »AB« (Abbildung), Ritzzeichen »2« und »O« Buntmalersignatur »W.« auf dem Pferdeleib in der Bataillenszene

MILCHKANNE
Höhe 19,0/15,0 cm (mit/ohne Deckel)

Unterglasurblaue Marke »CT« mit Kurhut und »B« Ritzzeichen »SC 2«

TEEKANNE
Höhe 11,3/10,1 cm (mit/ohne Deckel)

Unterglasurblaue Marke »CT« mit Kurhut, zwei Punkte im Standring Ritzzeichen »H 2«

KUMME
Durchmesser 17,2 cm; Höhe 8,0 cm

Unterglasurblaue Marke »CT« mit Kurhut, zwei Punkte im Standring Ritzzeichen »B 2« Malerzeichen in Gold »AB« (wie unterglasurblau »AB«) und »6-«, »S 6«

ZUCKERDOSE
Durchmesser 11,4 cm; Höhe 11,6/5,8 cm (mit/ohne Deckel)

Unterglasurblaue Marke »CT« mit Kurhut, zwei Punkte im Standring Malerzeichen in Gold »AB 6« (wie unterglasurblau »AB 6«) darunter »S 6« (stark abgerieben)

TEEFLASCHE
Höhe 13,0/11,0 cm (mit/ohne Deckel)

Unterglasurblaue Marke »CT« mit Kurhut, darunter »75«

ZUCKERSCHALE
Länge/Breite 19,0/14,3 cm

Unterglasurblaue Marke »CT« mit Kurhut und »AB« (Abbildung) Ritzzeichen »W II« Malerzeichen in Gold »6 –«, »S 6«

SECHS BECHERTASSEN
Höhe 6,5 cm

Unterglasurblaue Marken »CT« mit Kurhut und »AB 6« Malerzeichen in Gold »AV« Ritzzeichen »2«, darunter »O«

SECHS GROSSE UNTERTASSEN
Durchmesser 13,2/13,4 cm

Unterglasurblaue Marken »CT« mit Kurhut und »AB 6« Ritzzeichen »AO« Unleserliches Malerzeichen in Gold hinter der unterglasurblauen »6«, »S6« im Standring

ZWÖLF FLACHE TASSEN
Höhe 5,0 cm

Unterglasurblaue Marken »CT« mit Kurhut und »B«, zwei Punkte im Standring Malerzeichen in Gold »6« oder »-« oder ».« hinter dem unterglasurblauen »B«, »S6«, bei einer Tasse undeutlich »Ak« Ritzzeichen »B2« (achtmal), »XL« (einmal), unleserlich (achtmal)

ZWÖLF KLEINE UNTERTASSEN
Durchmesser 12,4/12,6 cm, Höhe 3,0/3,2 cm

Unterglasurblaue Marken »CT« mit Kurhut und »AB6« Malerzeichen in Gold »-« oder ».« hinter der unterglasurblauen »6«, »S6« Ritzzeichen »2«und »O« (zehnmal), »SC 2« (zweimal)

Anmerkungen

1 Dieser glückliche Umstand verdankt sich dem Einsatz von Christoph und Friedel Kirsch, die auf den Verkauf der begehrtesten Stücke aus diesem bedeutenden Service über Jahre verzichteten und das Ensemble geschlossen erhielten. Provenienz des Services: Belgische Adelsfamilie; Sammlung Henri van Hove, Brüssel (Christie's Amsterdam 23.11.1994, Nr. 218); Röbbig München (1996); Sammlung Dr. August Oetker (Auktionshaus Metz Heidelberg (24.4.2004, Nr. 394); Langeloh Porcelain Weinheim (2004).

2 Schumacher 2006, Kat. A249. Für die Hilfe bei der Recherche zu dieser Bildvorlage danke ich Claudia Bodinek, Dresden, Birgit Schumacher, Berlin u. Andrea Teuscher, München.

3 Frankenthal Bd. 3, S. 394–399.

4 Hofmann 1911, Bd. 2, Taf. 177, Abb. 685–690. Im Residenzmuseum München heute befindlich die Teile Inv.-Nr. ResMü Fra II 20–60; 1929 wurden Teeflasche, Milchkanne, Zuckerdose und zwei Tassen mit Untertassen an den Wittelsbacher Ausgleichsfonds abgegeben, darunter die Milchkanne mit der vollen Signatur Wintersteins in Schloss Berchtesgaden, Inv.-Nr. WAF KIc 14, vgl. Ausst. Kat. Hohenberg 1995, S. 142/143, Farbabb. 90. Für die freundlichen Auskünfte danke ich Christian Quaeitzsch, Residenzmuseum München u. Andreas von Majewski, Inventarverwaltung Wittelsbacher Ausgleichsfonds.

5 Ausst. Kat. Frankenthal 2005, S. 162, Kat. 144.

6 Verst. Kat. Sotheby's London, 5.12.1967, Nr. 105.

7 Frankenthal Bd. 3, S. 25, Abb.5 u. S. 24, Abb. 4.

8 Beide Privatsammlung Mannheim II. Freundlicher Hinweis von Volker Brinkmann, Mannheim.

9 Frankenthal Bd. 3, S. 231–238.

10 Maus 1963, S. 85, 120 u. 121; Schäfer 1965, S. 49, 60 u. 62.

11 Frankenthal Bd. 2, S. 64–66.

BATAILLENSERVICE
Frankenthal, um 1766

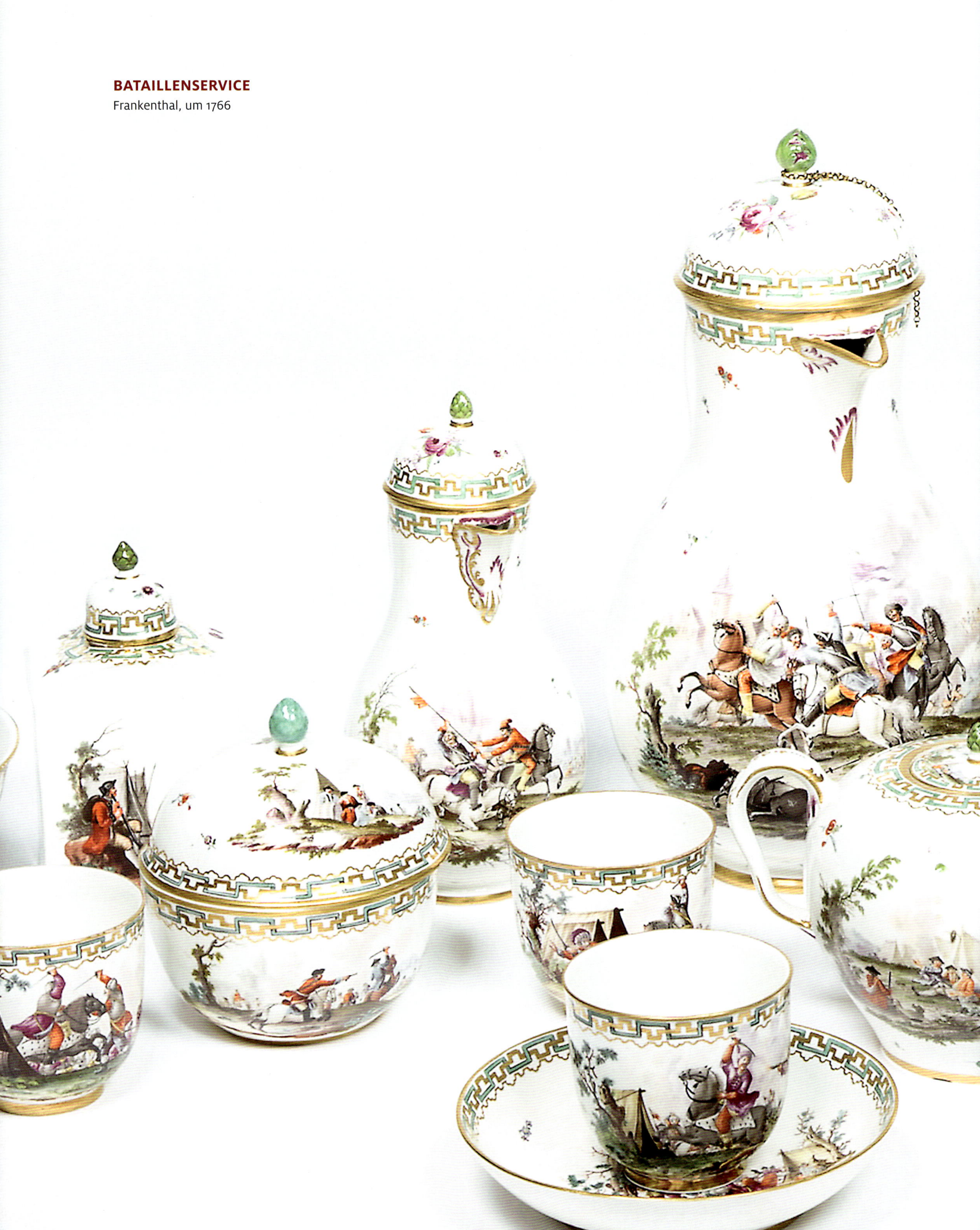

Irmgard Siede

DAS BATAILLENSERVICE

als ein Höhepunkt der Porzellansammlung
der Reiss-Engelhorn-Museen

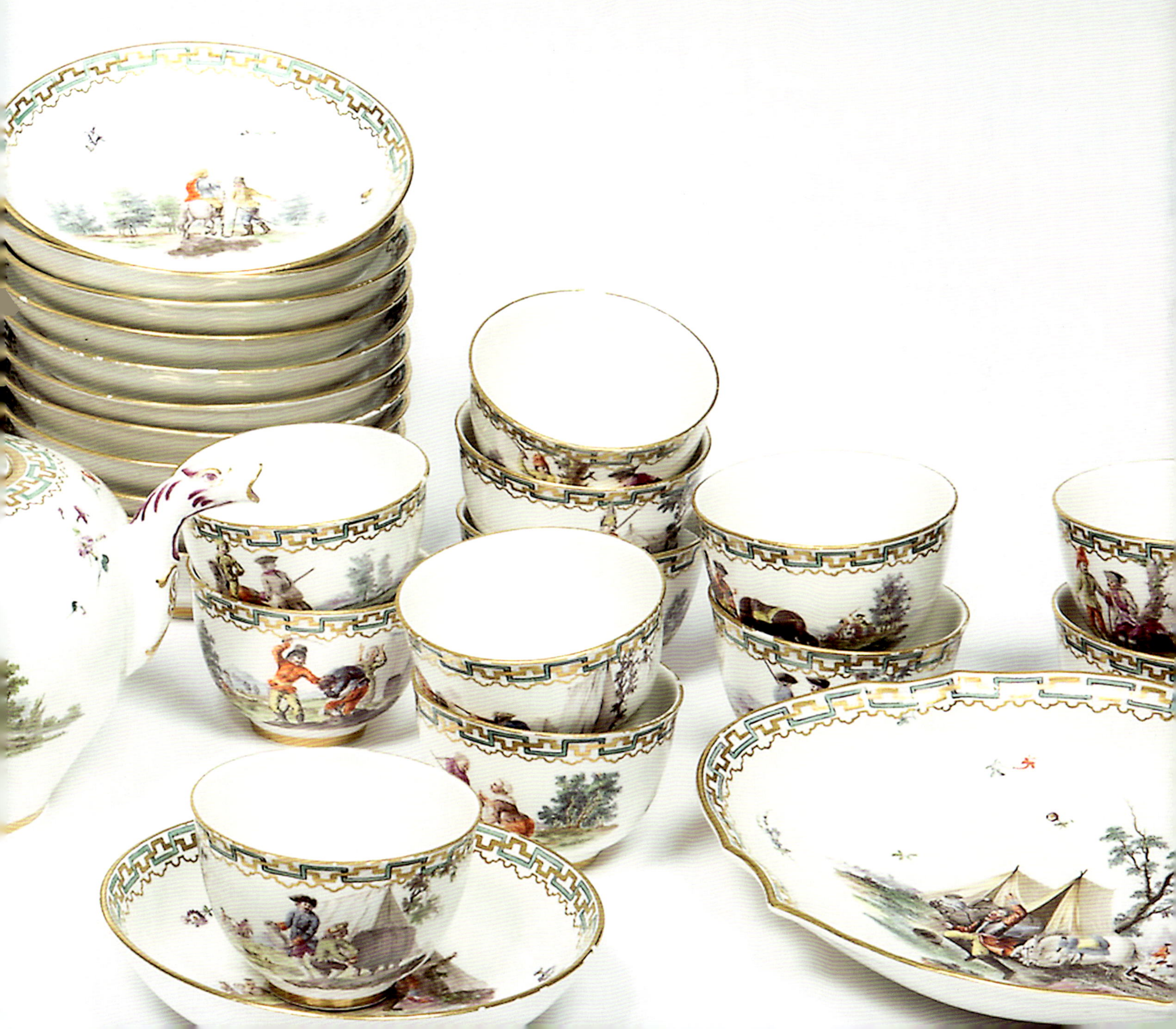

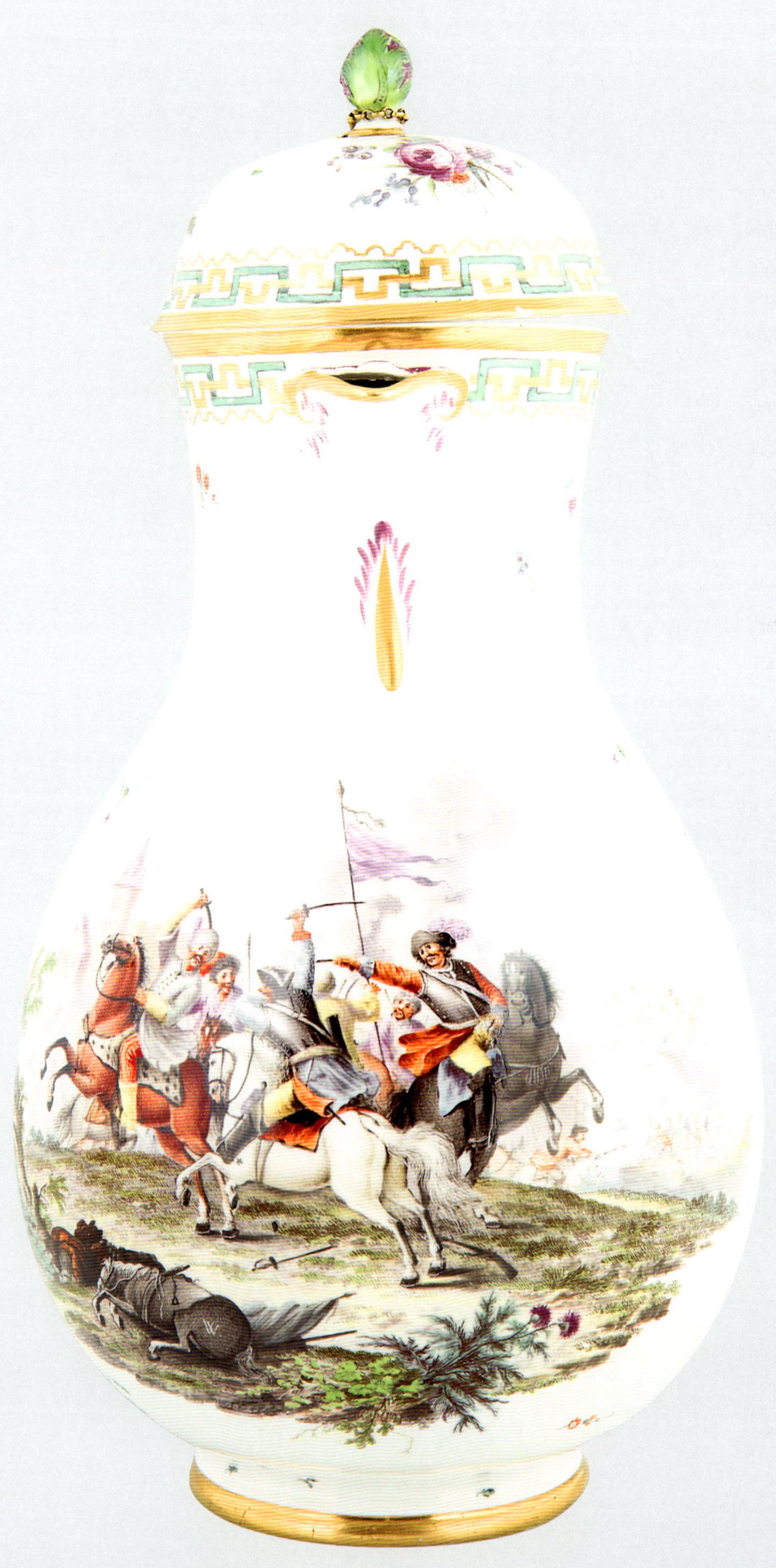

Im Zeitalter des »Coffee to go« gibt es zwar Kuchenschlachten, der klassische »Coffee to go«-Becher ist jedoch ein billiger Pappbecher mit Kunststoffüberzug, der mit geringer ästhetischer, eher mit werbewirksamer Aufmerksamkeit hergestellt wird; aus ihm wird Kaffee nebenbei, z. B. auf dem Weg zur Arbeit eingenommen, der Becher anschließend weggeworfen. Die Vorstellung, im Anblick von kunstvollen handgemalten Schlachten-, Kriegs- oder Feldlagerszenen, wenngleich sie fiktiv sind (= Bataillen), gemütlich Kaffee, Tee oder Schokolade aus zerbrechlichem Porzellan zu genießen, wie es bei dem Bataillenservice von 1765/66 der Fall gewesen sein könnte, mutet heute äußerst befremdlich an.

Etwas Besonderes war ein Service mit Schlachtenszenen allerdings auch bereits in der zweiten Hälfte des 18. Jahrhunderts. Dies lässt sich allein schon aus den höheren Kosten für eine solche Porzellanmalerei erschließen. In den Preisverzeichnissen der Manufaktur Frankenthal sind Geschirre mit Bataillendekor deutlich teurer als Ware mit z. B. einfachem Streublumendekor. Eine zweite Besonderheit liegt in dem Umfang dieses Frankenthaler Kaffee- und Teeservices – es umfasst 43 Einzelteile (Abb. S. 28/29). Eine weitere Besonderheit ist die Signatur, die auf der Kaffeekanne des Service zu entdecken ist.

Die 1755 in Frankenthal gegründete Manufaktur arbeitete schon früh für ihren kurpfälzischen Landesherrn. Als Kurfürst Carl Theodor (1724–1799) Mannheim 1778 verließ und nach München zog, um sein bayerisches Erbe anzutreten, wurde auch ein großer Teil der Porzellane vom Mannheimer Schloss in seine bayerische Residenz verbracht. Dass die Mannheimer Reiss-Engelhorn-Museen heute rund 1.000 Frankenthaler Porzellane besitzen und damit zur führenden Sammlung dieser Manufaktur geworden sind, verdankt sich bedeutenden Ankäufen und Schenkungen. Zugleich stellt die Frankenthaler Manufaktur mit dieser Stückzahl auch den bedeutendsten Sammlungsbestand europäischer Porzellane in den Reiss-Engelhorn-Museen.

1924 erwarb die Stadt Mannheim die Sammlung von Carl Baer (1855–1933), die Porzellane des 18. Jahrhunderts, vor allem aus Frankenthal enthielt. Im gleichen Jahr gelang der Stadt auch der Erwerb der Sammlung Jean Wurz (1850–1924), in der ebenfalls Frankenthaler Porzellan einen Schwerpunkt hatte. Weitere Stücke gerieten in die Bestände der Reiss-Engelhorn-Museen im Kontext der Sammlung von Hans Hermannsdörfer (1870–1955), die 1926 und 1944 ans Haus kam, aber auch durch bedeutende Ankäufe vor allem mit Hilfe der Südzucker AG und der Firma Franz Bausback in Mannheim sowie des Fördererkreises.

Innerhalb dieses Konvoluts ›Frankenthal‹ hat das neue Kaffee- und Teeservice mit Bataillenszenen einen herausragenden Platz. Es ist vorzüglich erhalten und wirkt wie unbenutzt, so als ob es – Porzellan goss man seinerzeit nicht selten zum Transport in Butter – fabrikneu nach gut 250 Jahren aus der Butter herausgeschmolzen wurde. Es ist von herausragender Qualität

KAFFEEKANNE MIT REITERSCHLACHT
signiert von Christian Heinrich Winterstein, Frankenthal, um 1766

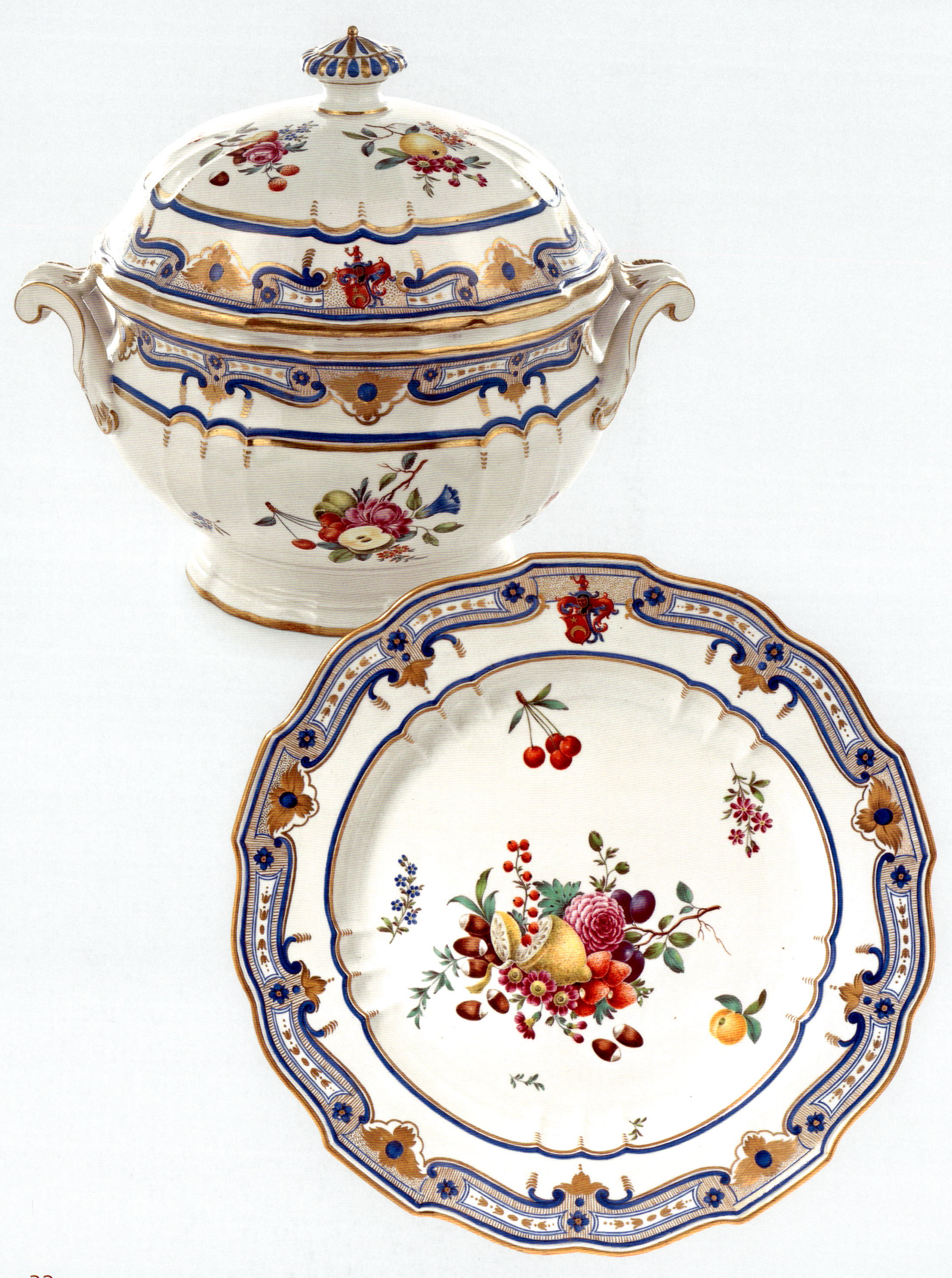

durch seine Dünnwandigkeit, seine entzückenden Formen und die Porzellanmalereien von Christian Heinrich Winterstein (Abb. S. 30) mit Gehilfen. Damit konnte die Liste der in den Reiss-Engelhorn-Museen vertretenen Porzellanmaler weiter komplettiert werden: Nun sind dort neben Werken der bedeutenden Frankenthaler Porzellanmaler wie Arnold, Handschuh, Kayser, Magnus und Osterspey auch Arbeiten von Christian Heinrich Winterstein zu sehen. Im Sinne einer Komplettierung aller Frankenthaler Maler bedeutet damit das Service einen wichtigen Zuwachs der Sammlungen. Auch seiner Vollständigkeit und seinem Umfang nach gehört das Service zu den bedeutenden Geschirren der Reiss-Engelhorn-Museen. Die Einzelstücke entsprechen den im Mannheimer Preisverzeichnis von 1777 als Bestandteile zum Genuss von Tee, Kaffee und Schokolade aufgeführten Typen an spezifischen Kannen und Tassen; auch eine Kumme (= Schwenkkumpf) zum Ausspülen der Teetassen ist vorhanden. Kuchenteller als späteres bürgerliches Utensil waren damals nicht üblich. Da im Allgemeinen durch den Antiquitätenhandel solche großen Service zerteilt werden, um daraus schöne Einzelstücke zu verkaufen, ist es als ein großer Glücksfall zu bezeichnen, dass dieses Service zusammenblieb, insgesamt erworben und an das Museum übergeben werden konnte.

Selbst große Tafelservice sind oft nur fragmentarisch erhalten. Das Jenner-Service, das 1781–1784 in der Manufaktur Frankenthal hergestellt wurde und für den Berner Gesandten und Salzintendanten Johannes von Jenner (1735–1787) bestimmt war, war einst ein umfangreiches Tafelservice mit Tellern, Terrinen, Platten, Schalen, Messern etc. (Abb. S. 32). Nachdem von Jenner sich 1787 das Leben genommen hatte, verblieb das Porzellan ca. 200 Jahre in Berner Familienbesitz. In Bern, verteilt auf verschiedene Orte, umfasste das Service 1974 immer noch rund 300 Stücke. Dieses Service ist von beeindruckender Qualität. Blickt man etwa auf die Früchte, die Kirschen, Stachelbeeren, Haselnüsse oder Zwetschgen, so sind sie so täuschend echt wiedergegeben, dass man geradezu hinein beißen möchte. In den Reiss-Engelhorn-Museen befinden sich nun 56 Teile, was aber nicht einmal ein Sechstel des ursprünglichen Umfangs ausmacht.

Die anderen Frankenthaler Tafelservice der Reiss-Engelhorn-Museen zählen deutlich weniger Stücke. Von dem Service, das um 1760 für das Mannheimer Schloss angefertigt und kunstvoll mit Blumen, Landschaften und Vögeln bemalt wurde, befinden sich gerade mal 25 Teile in den Reiss-Engelhorn-Museen (Abb. S. 34). Von den 79 im Jahr 1990 bei Sotheby's in London angebotenen Stücken konnten 24 für die Reiss-Engelhorn-Museen

TERRINE AUS DEM TAFELSERVICE DES JOHANNES VON JENNER

Frankenthal, 1781–1784,
Reiss-Engelhorn-Museen
(Inv.-Nr. RMM 1985/7)

GROSSE RUNDE PLATTE AUS DEM TAFELSERVICE DES JOHANNES VON JENNER

Frankenthal, 1781–1784,
Reiss-Engelhorn-Museen
(Inv.-Nr. RMM 1985/7)

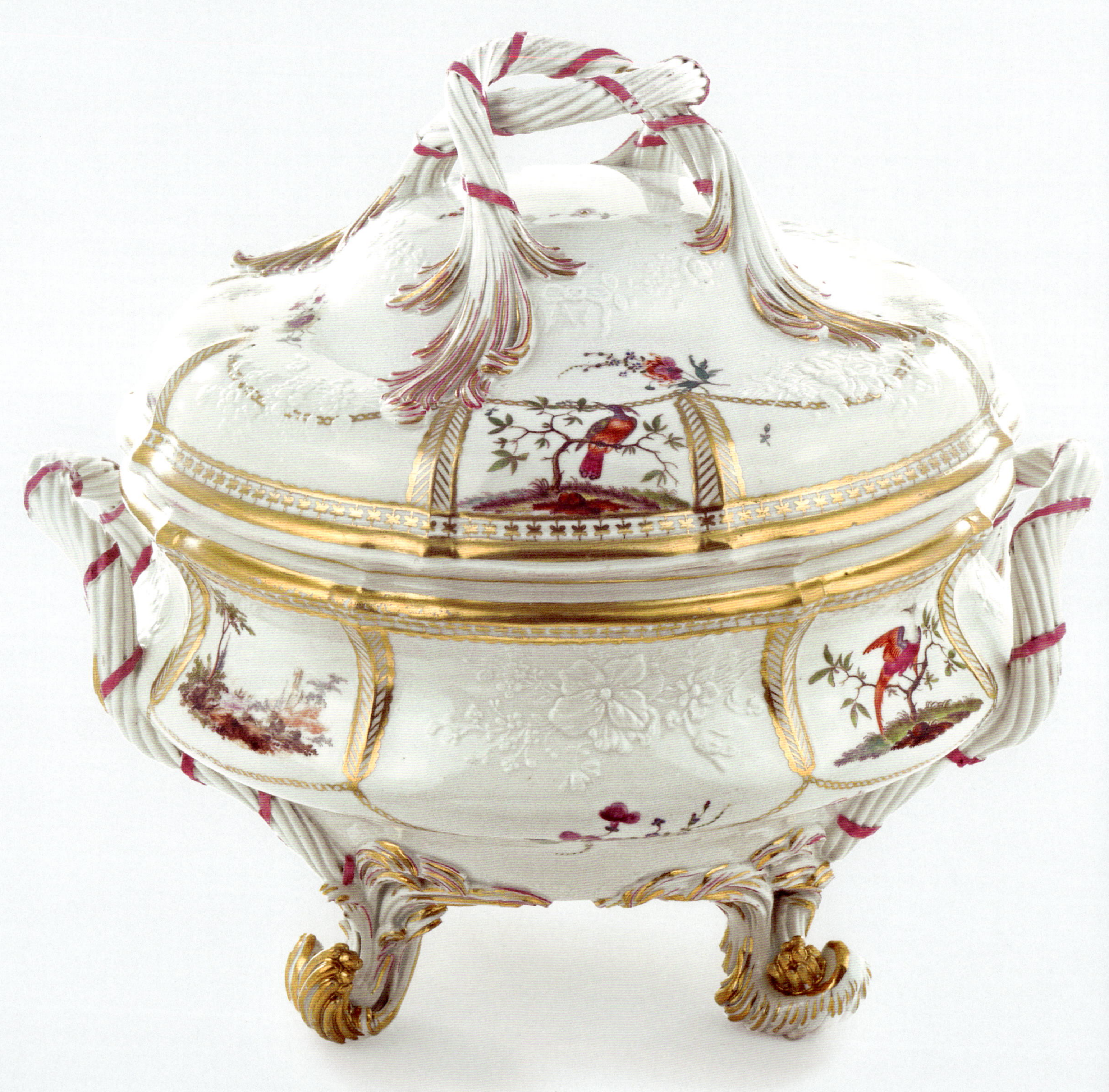

erworben werden, 2002 kam als 25. Stück ein Flaschenkühler hinzu. Zu diesem Tafelservice gehören damit Teller, Terrinen, Platten und Kühler. Ursprünglich wird dieses Service vermutlich mindestens acht Mal so viele Stücke gehabt haben. Eine Rekonstruktion dieses Services ist möglich, da Reste einer zweiten Ausformung von Fürst Nikolaus I. Esterházy (1714–1790) gekauft worden waren. Fürst Esterházy hatte anlässlich der Krönung Kaiser Josephs II. (1741–1790) im Jahr 1764 in Frankfurt am Main von diesem Service 207 Teile erworben. Hinzu kamen plastische Gruppen aus Frankenthaler Porzellan, die dem Tischdekor dienten. Pariser Köche sorgten für die Köstlichkeiten, die in Frankfurt aufgetischt wurden. Ein großer Teil des Services hat sich in der Privatsammlung auf Schloss Esterházy in Eisenstadt erhalten. Dank dieses Umstandes sind Teile bekannt, wie die Tisch-Leuchter, die zwar nur in Eisenstadt überliefert sind, aber auch zum Service der Mannheimer Residenz gehört haben müssen. Dieses Service hatte Carl Theodor, der ebenfalls 1764 nach Frankfurt reiste, mit zu den Krönungsfeierlichkeiten transportieren lassen.

Kurfürstin Elisabeth Auguste (1721–1794) besaß für Schloss Oggersheim ebenfalls ein Tafelservice. Dieses wird auf 1768 datiert und war gestalterisch an dem Service ihres Gemahls, Carl Theodor, für die Residenz Mannheim orientiert. Es hatte einst nach der Inventarüberlieferung 169 Teile. Heute zählt der Flaschenkühler mit Flechtrelief und Purpurblumen zu den wenigen überhaupt erhaltenen Bestandteilen und befindet sich in den Beständen der Reiss-Engelhorn-Museen. Er bezeugt den aufwändigen Blumendekor in Purpurcamaieau (Abb. S. 36).

Darstellungen von »Bataillen« sind auf all diesen Speiseservicen gar nicht vertreten. Selbst die aus einst so vielen Einzelteilen bestehenden Tafelservices sind heute oft auf wenige Stücke reduziert.
Unter den Frankenthaler Kaffee- und Teeservicen in den Reiss-Engelhorn-Museen gibt es kein zweites, das mit über 40 Stücken in den Sammlungen so vollständig erhalten wäre wie das Bataillenservice. Immerhin 24 Stücken zählt das Kaffee- und Teeservice mit beeindruckenden, locker und natürlich gemalten Blumenarrangements, das um 1755 bis um 1760 gefertigt wurde. Die Malereien sind von solcher Qualität, dass sie Andreas Handschuh zugeschrieben werden können (Abb. S. 38/39).

Auch 24 Einzelteile sind von einem Kaffee- und Teeservice überliefert, das in Frankenthal 1766/67 entstand. Dieses wurde von Bernhard Magnus teilweise nach Stich-Vorlagen von Georg Philipp Rugendas d. Ä. bemalt. Zu den Bildthemen der Malereien in Purpurcamaieau zählen Reiterschlachten und Szenen aus dem Soldatenleben (Abb. S. 40/41)

TERRINE AUS DEM TAFELSERVICE MIT BLUMEN, LANDSCHAFTEN UND VÖGELN

aus dem Mannheimer Schloss, Frankenthal, um 1760, Reiss-Engelhorn-Museen (Inv.-Nr. RMM 1993/1-24)

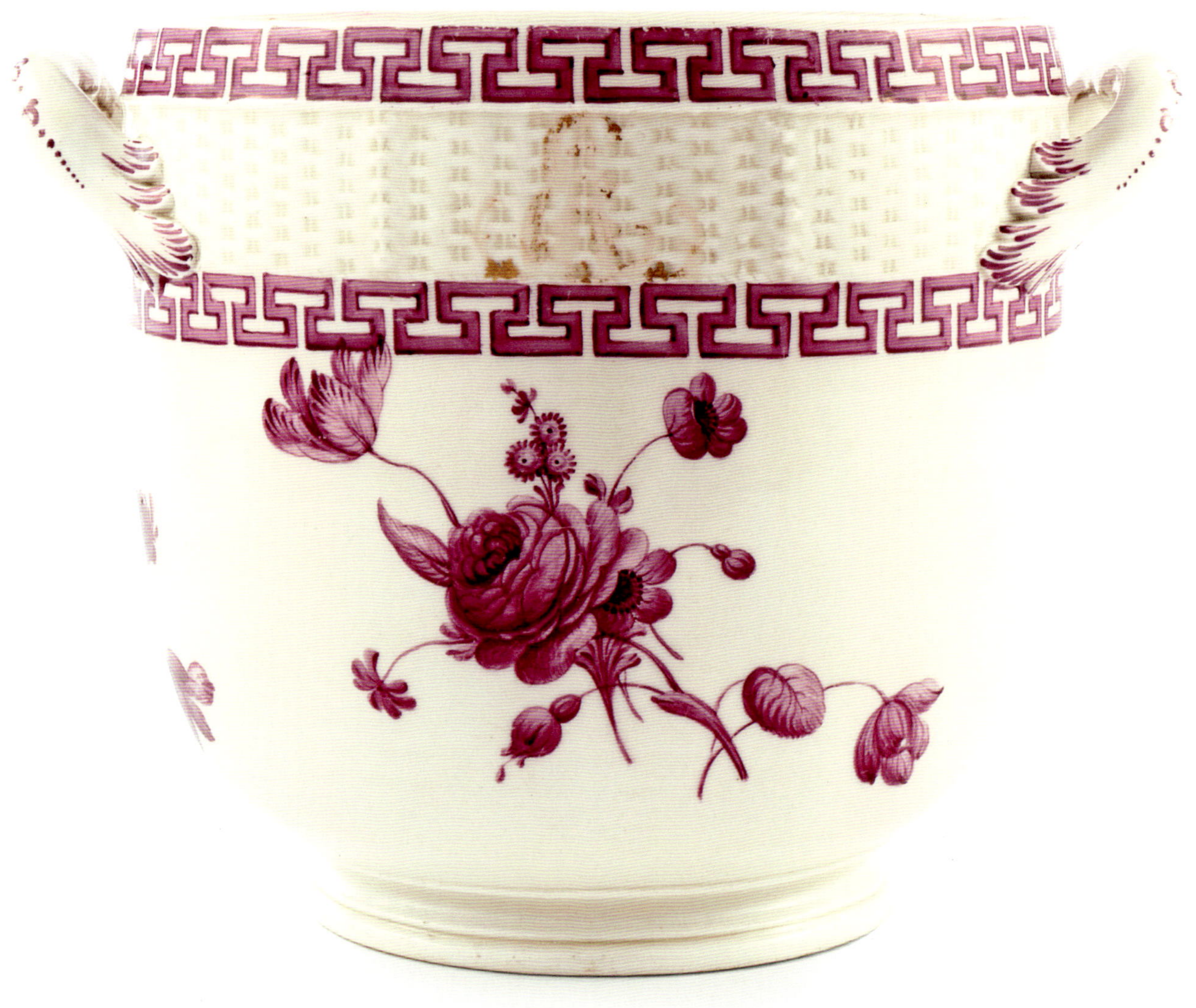

Ein weiteres Kaffee- und Teegeschirr aus Frankenthal ist mit Landschaftsvignetten bemalt. Von dieser Garnitur haben sich immerhin 18 Teile erhalten (Abb. S. 42/43). Es wurde 1762 bis 1765 gefertigt. Wie viele Teile solch ein Service besaß, um komplett zu sein, lässt sich nicht mehr rekonstruieren – nach den Preisverzeichnissen ist denkbar, dass Käufer die Teile individuell zusammenstellten. Ein prächtiges Service, das mit 16 Teilen in den Reiss-Engelhorn-Museen vertreten ist, wurde von Johann Georg Lamprecht um 1765 mit Watteau-Figuren bemalt (Abb. S. 44/45).

Von einem Kaffee- und Teeservice aus den ersten Jahren der Manufaktur (1756/57), das mit galanten Paaren dekoriert wurde, besitzen die Reiss-Engelhorn-Museen 15 Teile (Abb. S. 46/47). In einzelnen Fällen konnten die Stiche aufgespürt werden, die als Vorlagen für die Darstellungen der galanten Szenen verwendet wurden. Die zu einem vollständigen Service gehörende Kaffeekanne, Teeflasche und Kumme zum Spülen der Tassen fehlen Nicht zuletzt ist noch das hübsche Kaffeeservice mit Blumenmalereien zu erwähnen (Abb. S. 48/49). Es zählt immerhin noch 13 Stücke und wird um 1765 bis um 1785 datiert.

Alle anderen Kaffee- und Teeservice weisen zehn Teile oder weniger auf. »Bataillen« als Bildthema sind in den Sammlungen der Reiss-Engelhorn-Museen neben dem Service mit den Reiterschlachten in Purpurcamaieau nur bei einem Déjeuner der Zeit um 1785 (Abb. S. 50/51) und bei einer Einzeltasse (Abb. S. 52) anzutreffen. Daher ist sowohl die Anzahl der erhaltenen Bestandteile als auch die Thematik des Bataillenservices innerhalb der Bestände der Reiss-Engelhorn-Museen etwas Besonderes. Reale Schlachten waren im 18. Jahrhundert allgegenwärtig. Die »Bataille« wurde vergleichbar dem Seestück oder Blumenstück ein eigenes Bildthema, das auf Gemälden, in Graphiken oder auch Porzellan dargestellt wurde. Man könnte aber auch daran denken, dass der Grund bei den Auftraggebern oder Käufern solcher Geschirre zu suchen ist. Möglicherweise kamen sie aus den Rängen des Militärs. Die Käufer hochrangigen Porzellans waren im 18. Jahrhundert im Wesentlichen Adlige, und viele von ihnen hatten eine militärische Laufbahn eingeschlagen. Auch in der Porzellanplastik Frankenthals spielte »Militär« eine Rolle, wie es verschiedene Beispiele von Figuren und Gruppen, darunter eine ganze Reiterschlacht, belegen. Es gab innerhalb der Plastik sowohl Spielzeugfigürchen, als auch Tischaufsätze.

Nach dem Entstehen der ersten Porzellanmanufaktur in Europa in Meißen wurde die Erzeugung dieses neuen Luxusartikels zum begehrten Ziel und führte zur Gründung zahlreicher Manufakturen zum Stolz der Landesherren. Daher kann es nicht verwundern, wenn hochrangige Porzellane als diplomatische Ge-

FLASCHENKÜHLER AUS EINEM TAFELSERVICE DER KURFÜRSTIN

Frankenthal, 1768,
Reiss-Engelhorn-Museen
(Inv.-Nr. II C 364)

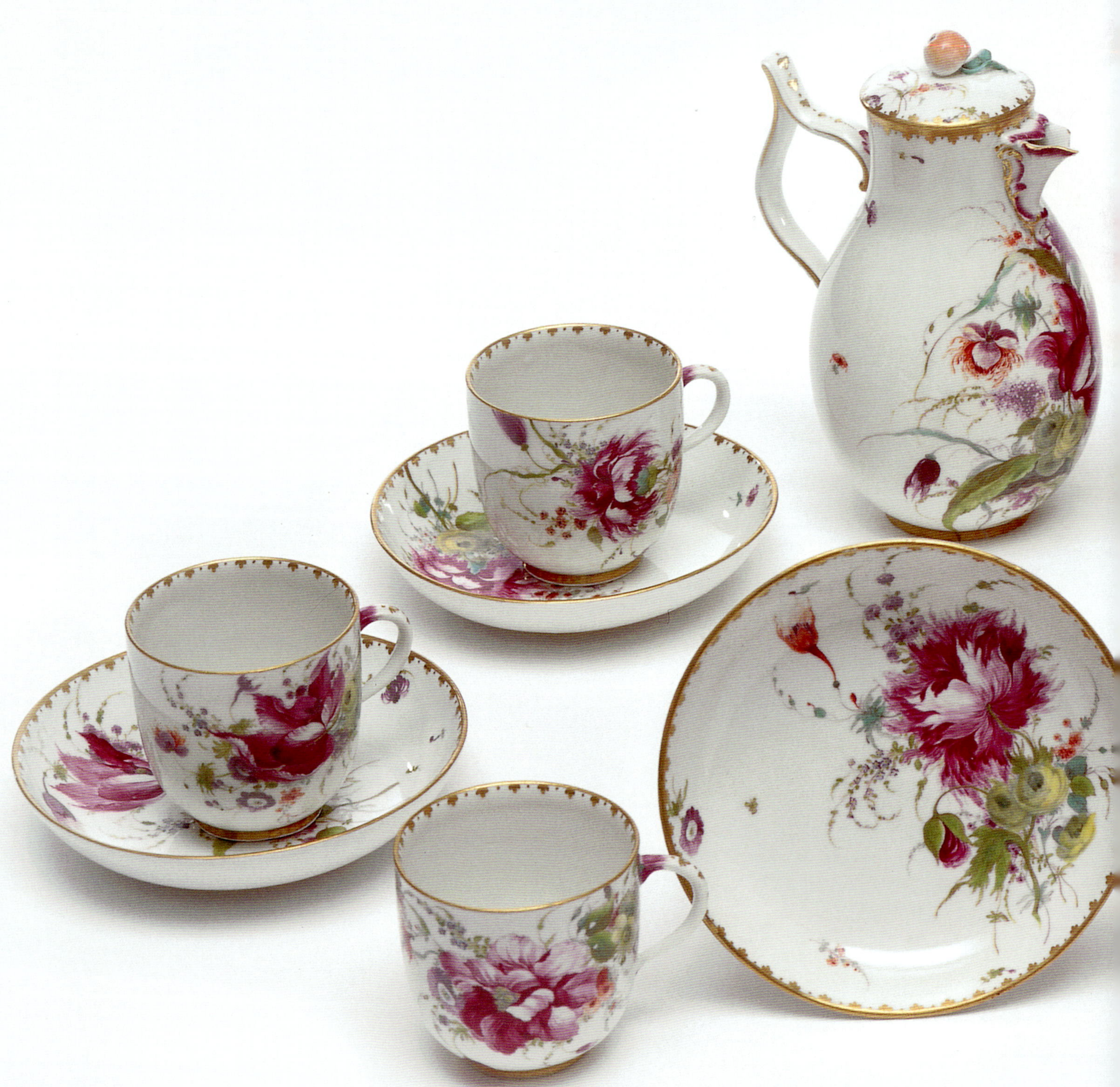

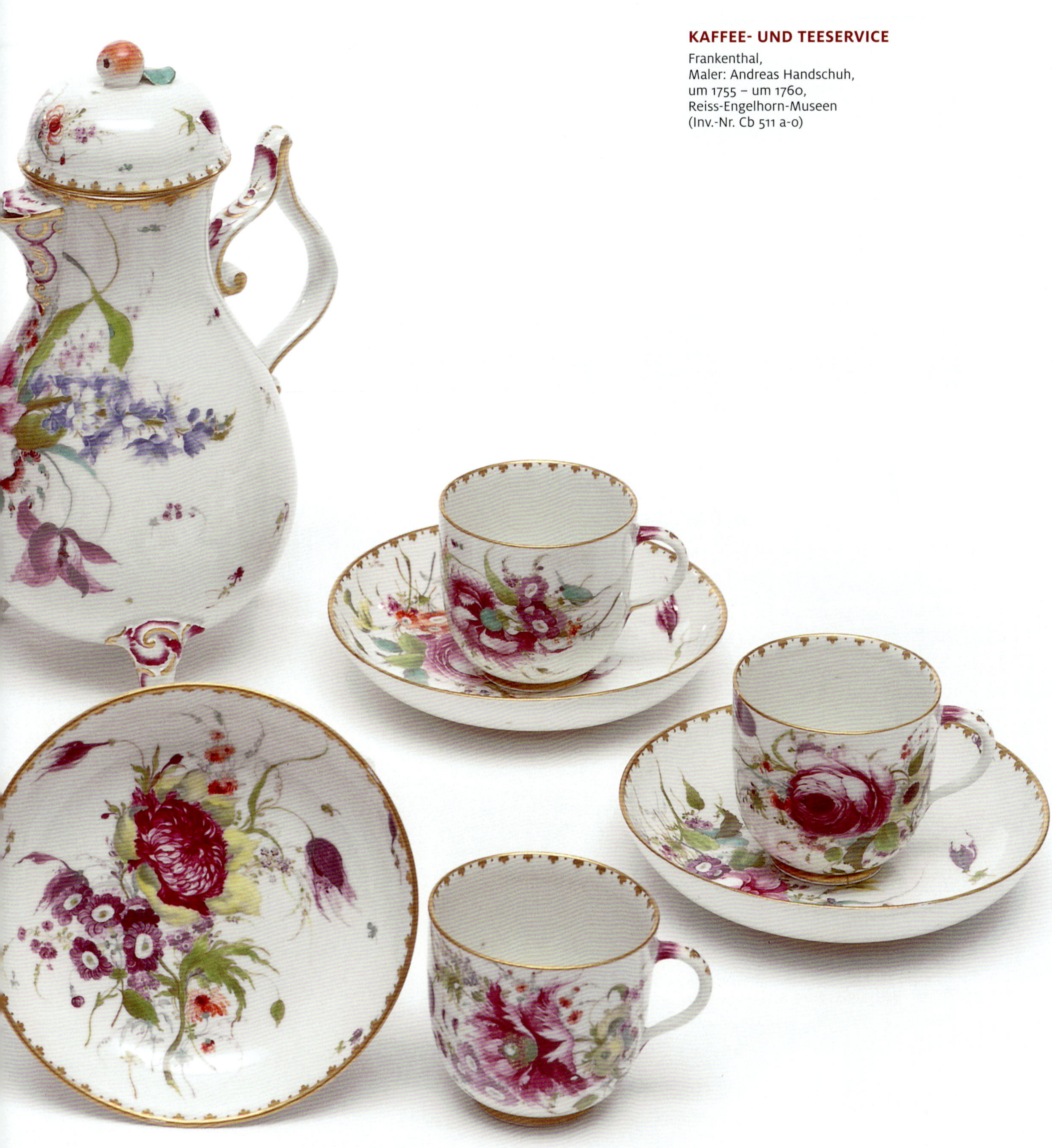

KAFFEE- UND TEESERVICE

Frankenthal,
Maler: Andreas Handschuh,
um 1755 – um 1760,
Reiss-Engelhorn-Museen
(Inv.-Nr. Cb 511 a-o)

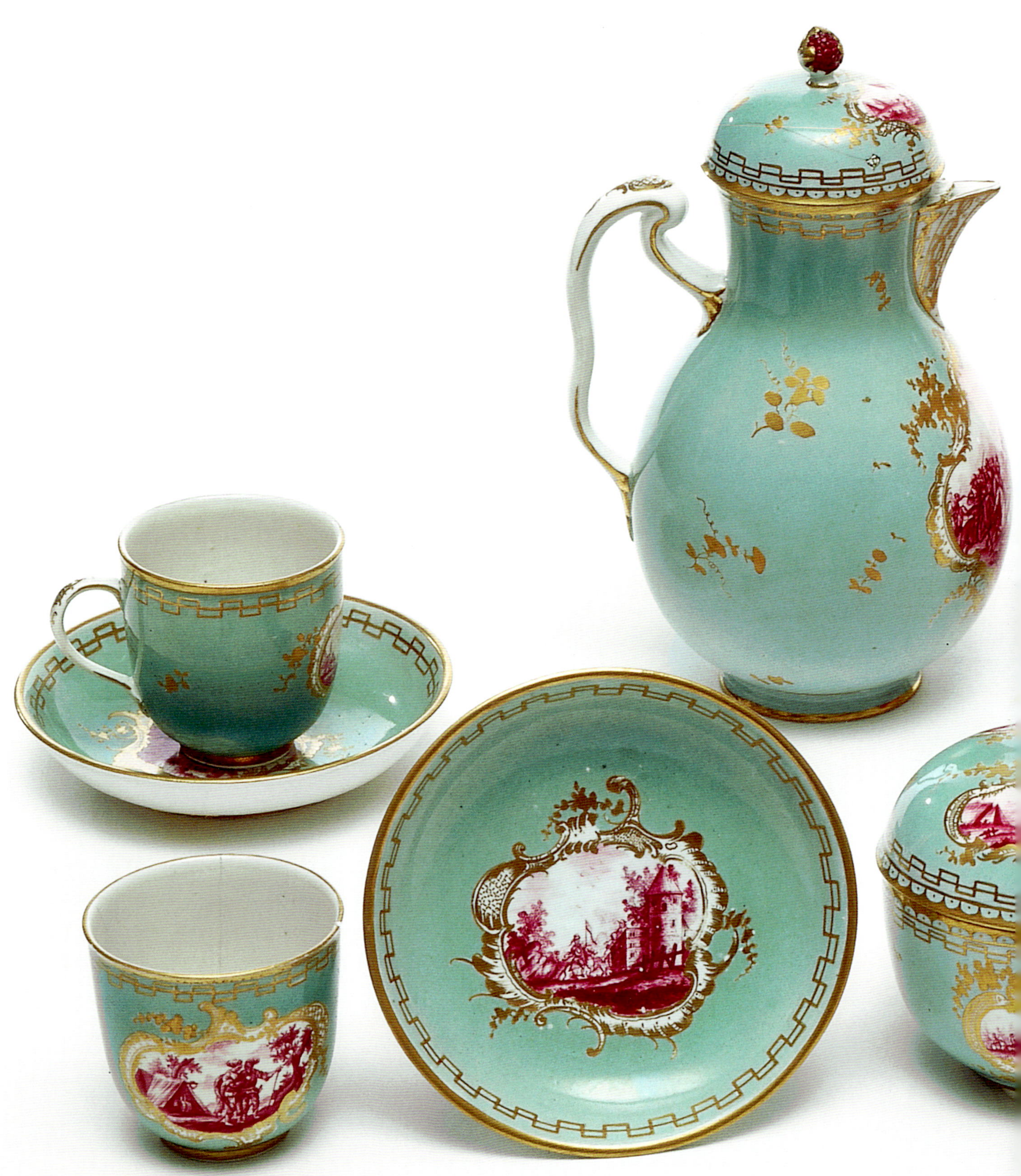

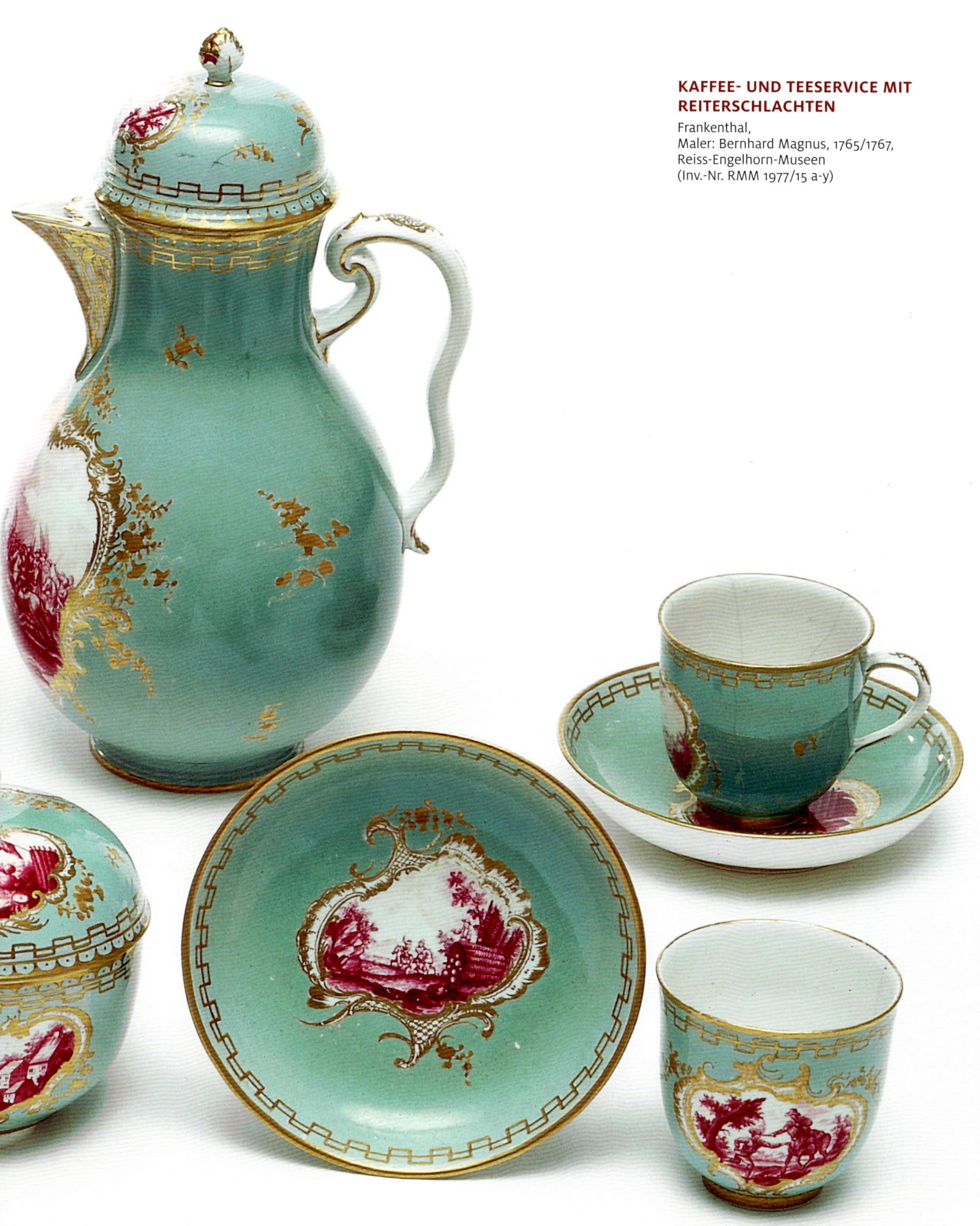

KAFFEE- UND TEESERVICE MIT REITERSCHLACHTEN

Frankenthal,
Maler: Bernhard Magnus, 1765/1767,
Reiss-Engelhorn-Museen
(Inv.-Nr. RMM 1977/15 a-y)

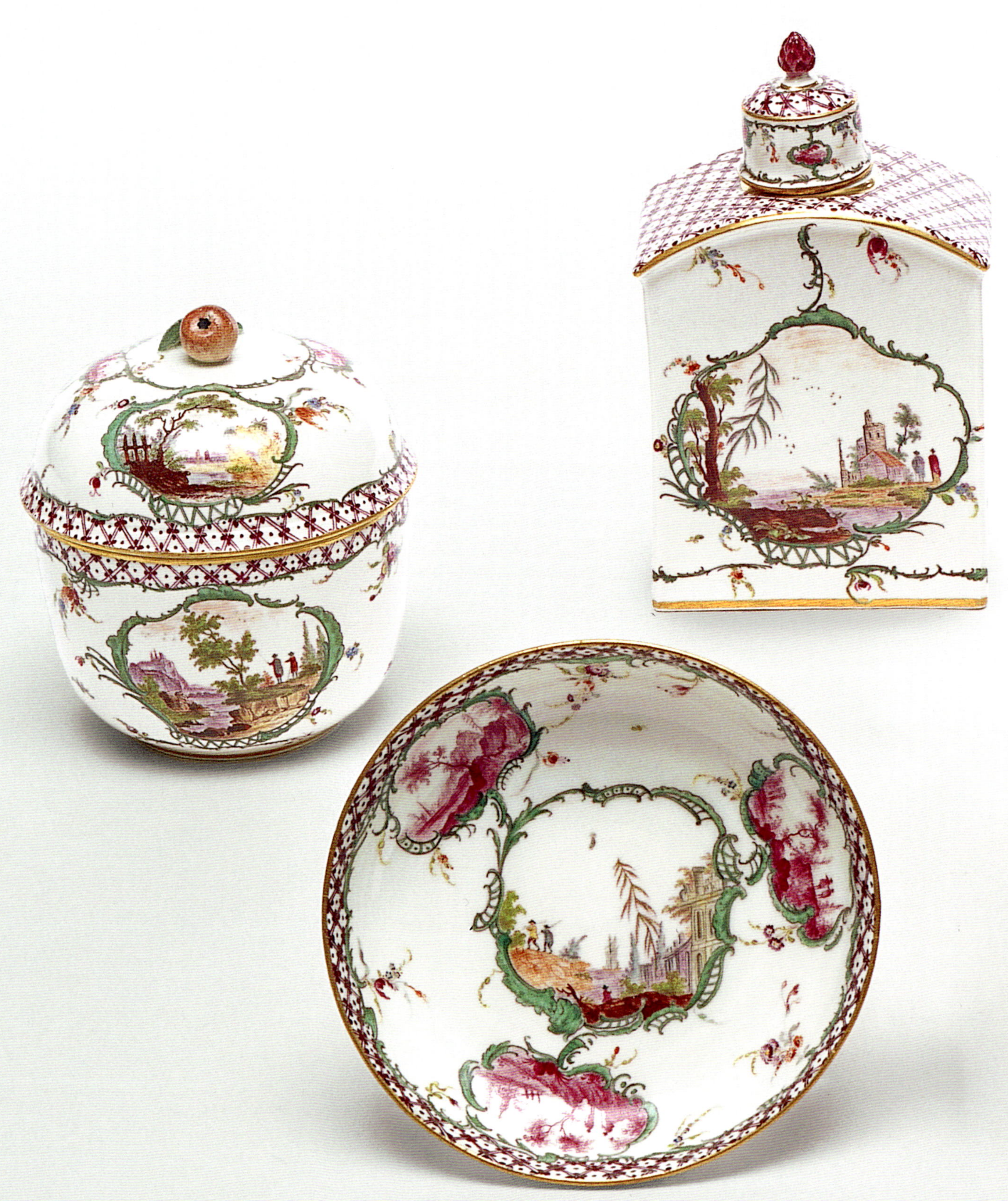

KAFFEE- UND TEESERVICE MIT LANDSCHAFTSVIGNETTEN

Frankenthal, 1762 bis um 1765,
Reiss-Engelhorn-Museen
(Inv.-Nr. Cb 518a, b und Ch 1269 a-l)

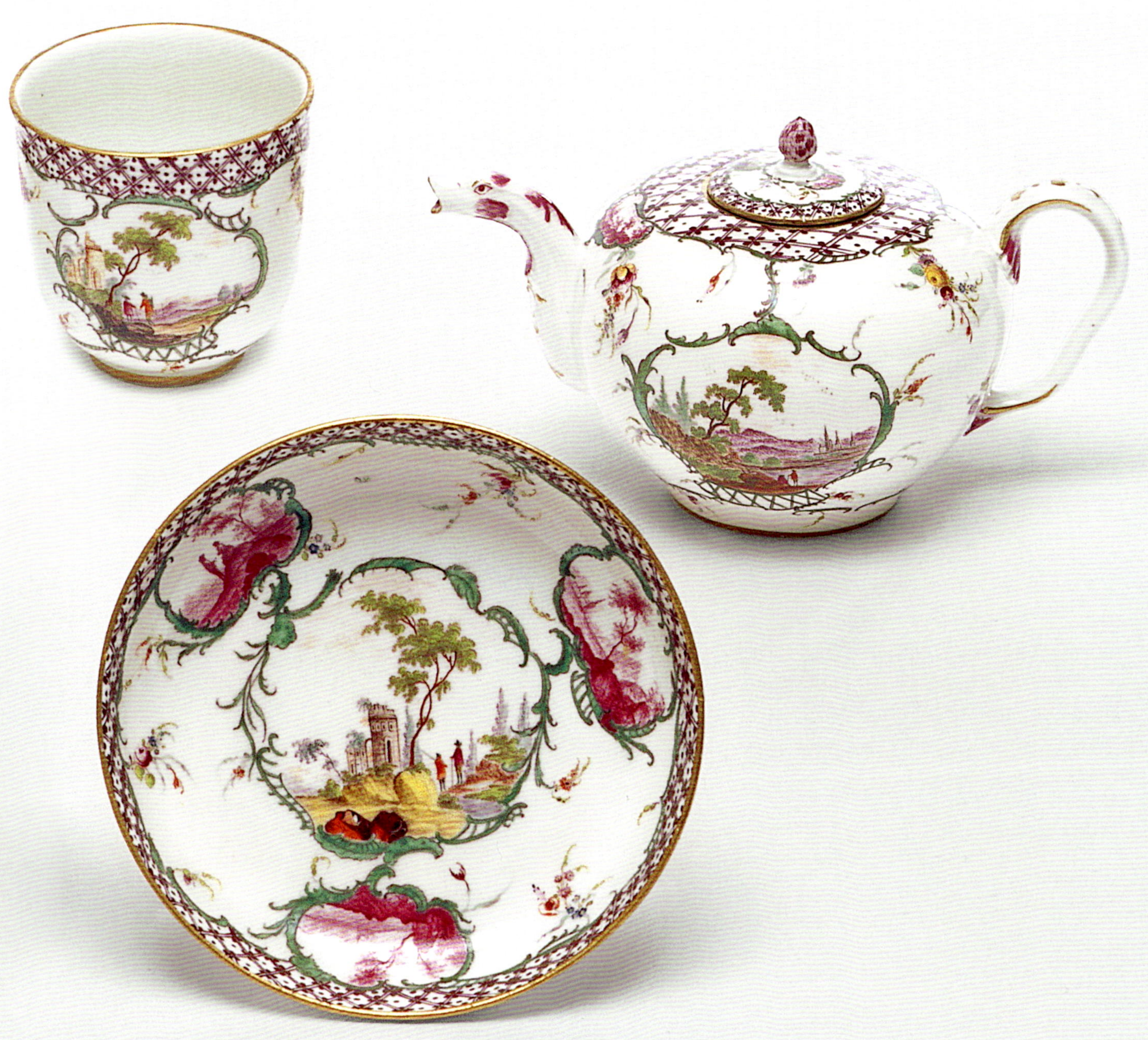

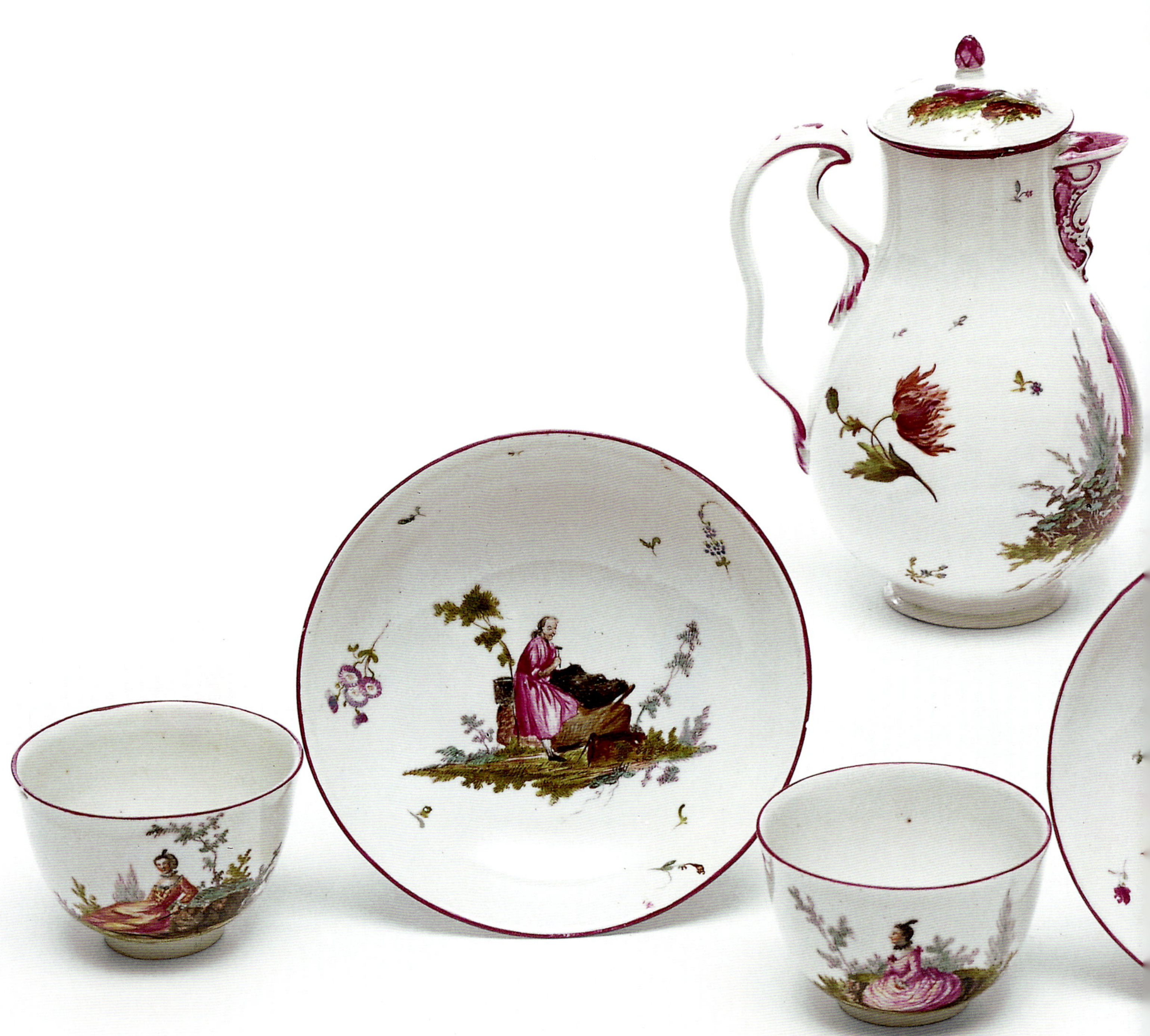

KAFFEESERVICE MIT WATTEAU-FIGUREN

Frankenthal,
Maler: Johann Georg Lamprecht, um 1765,
Reiss-Engelhorn-Museen
(Inv.-Nr. RMM 1975/8 a–q)

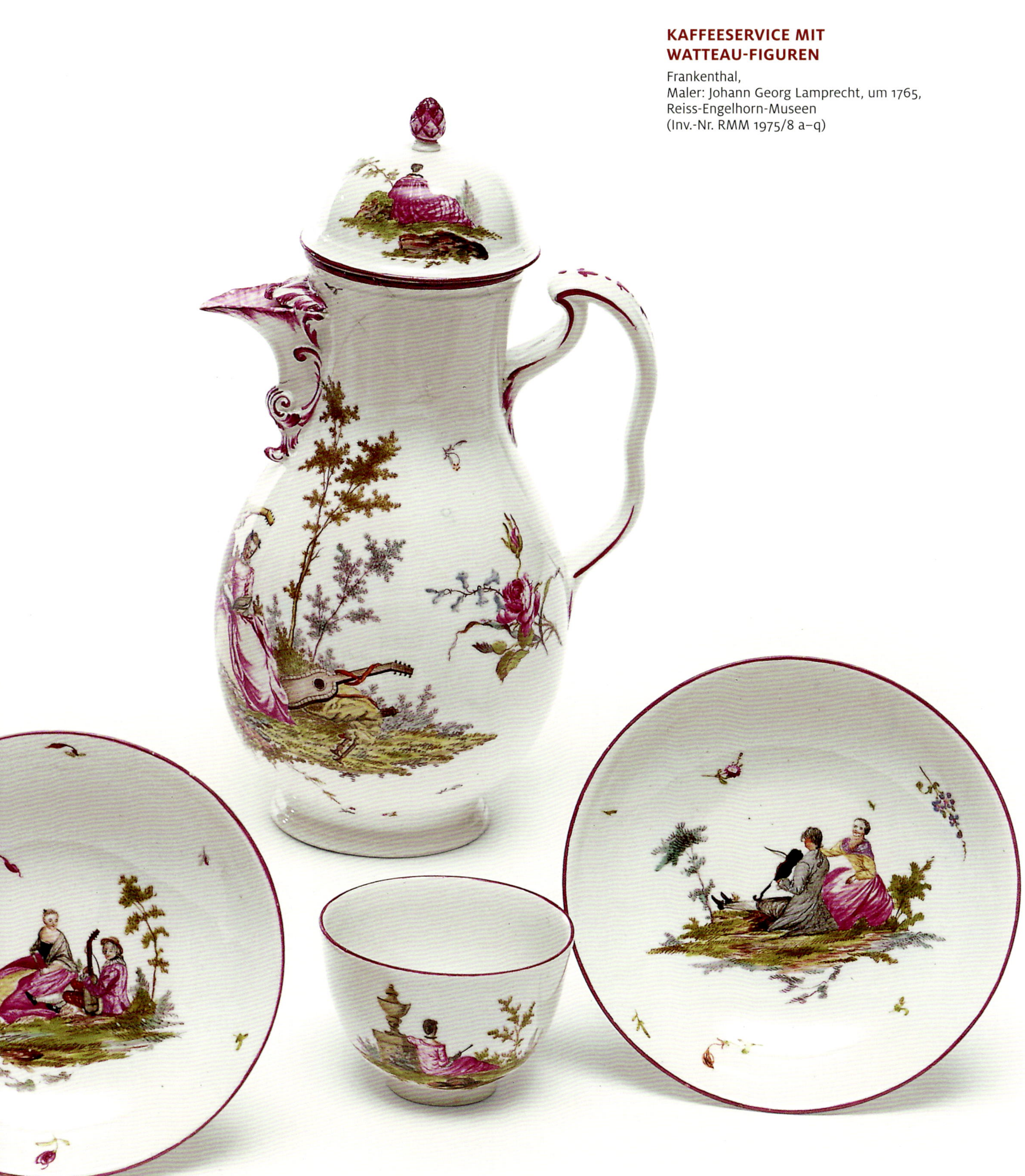

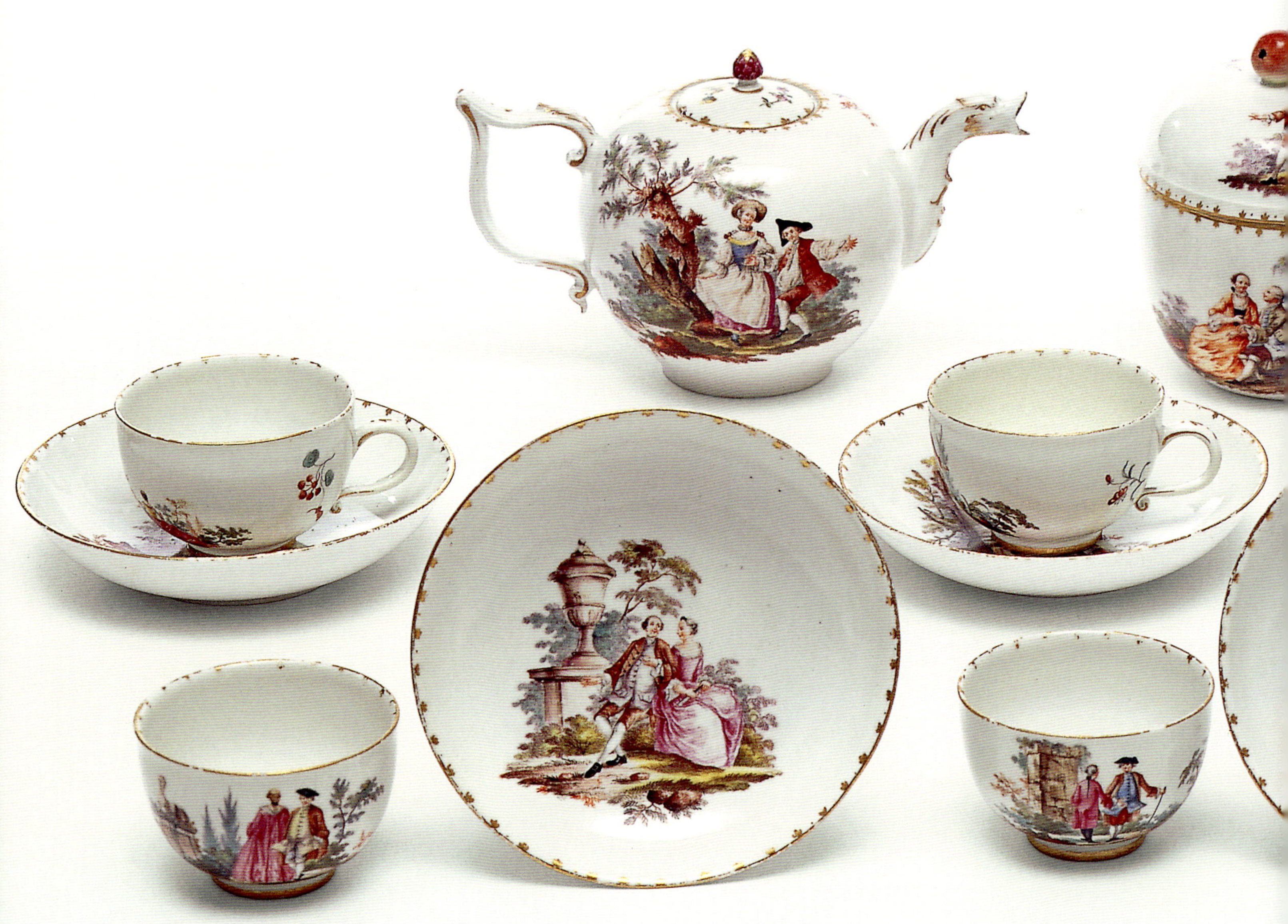

KAFFEE- UND TEESERVICE MIT GALANTEN PAAREN

Frankenthal, 1756/57,
Reiss-Engelhorn-Museen
(Inv.-Nr. Ch. 1268 a-k)

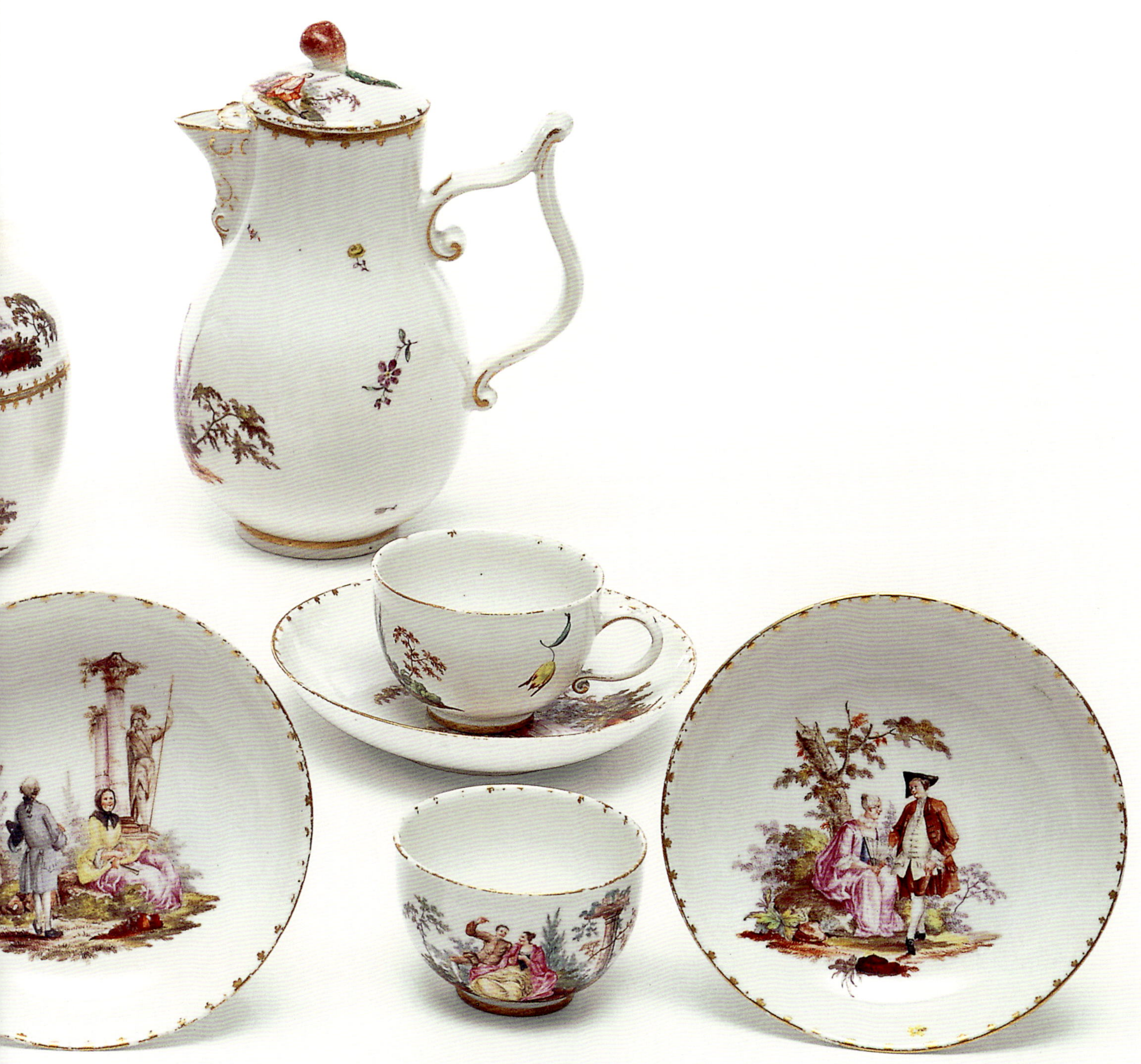

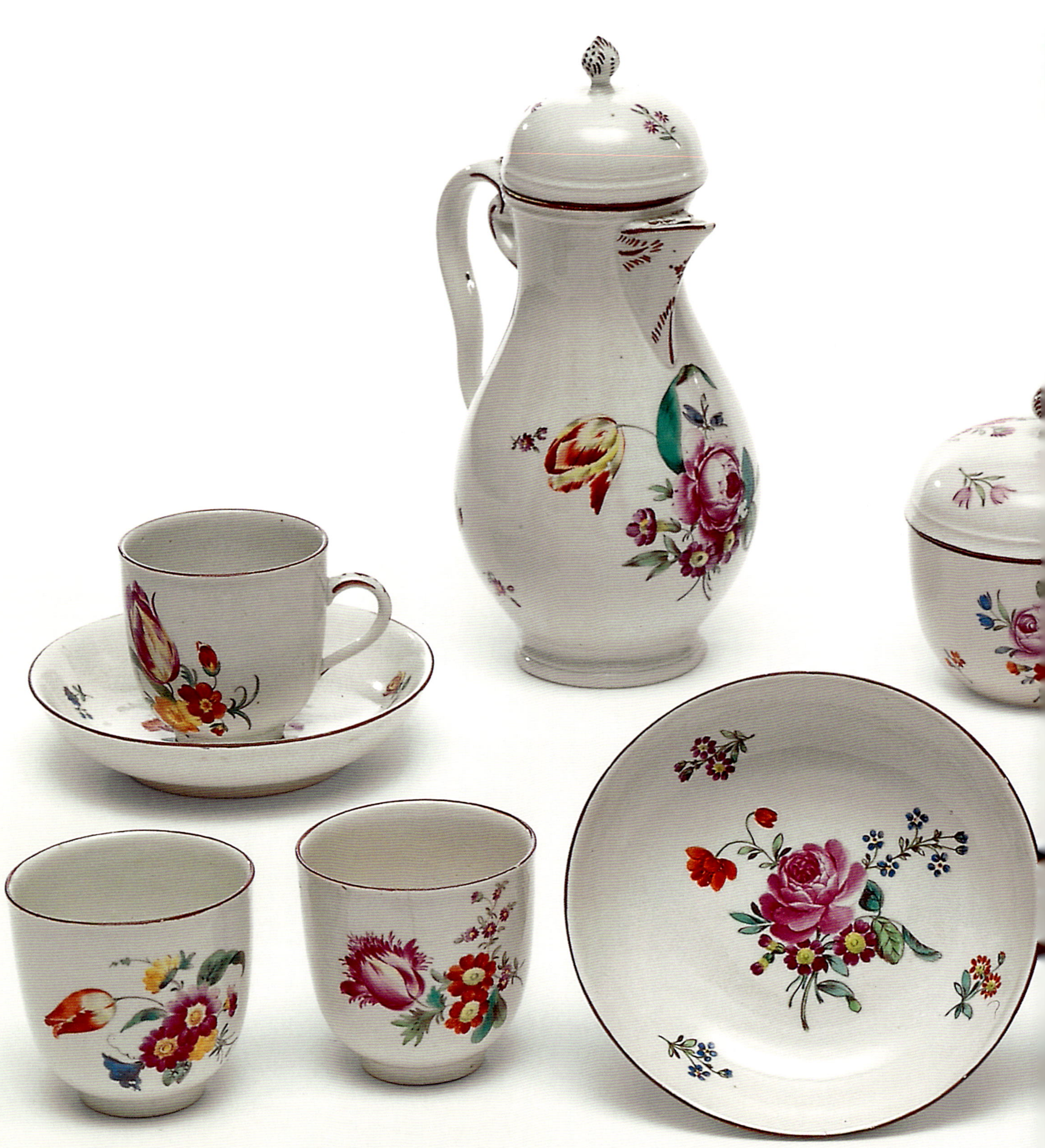

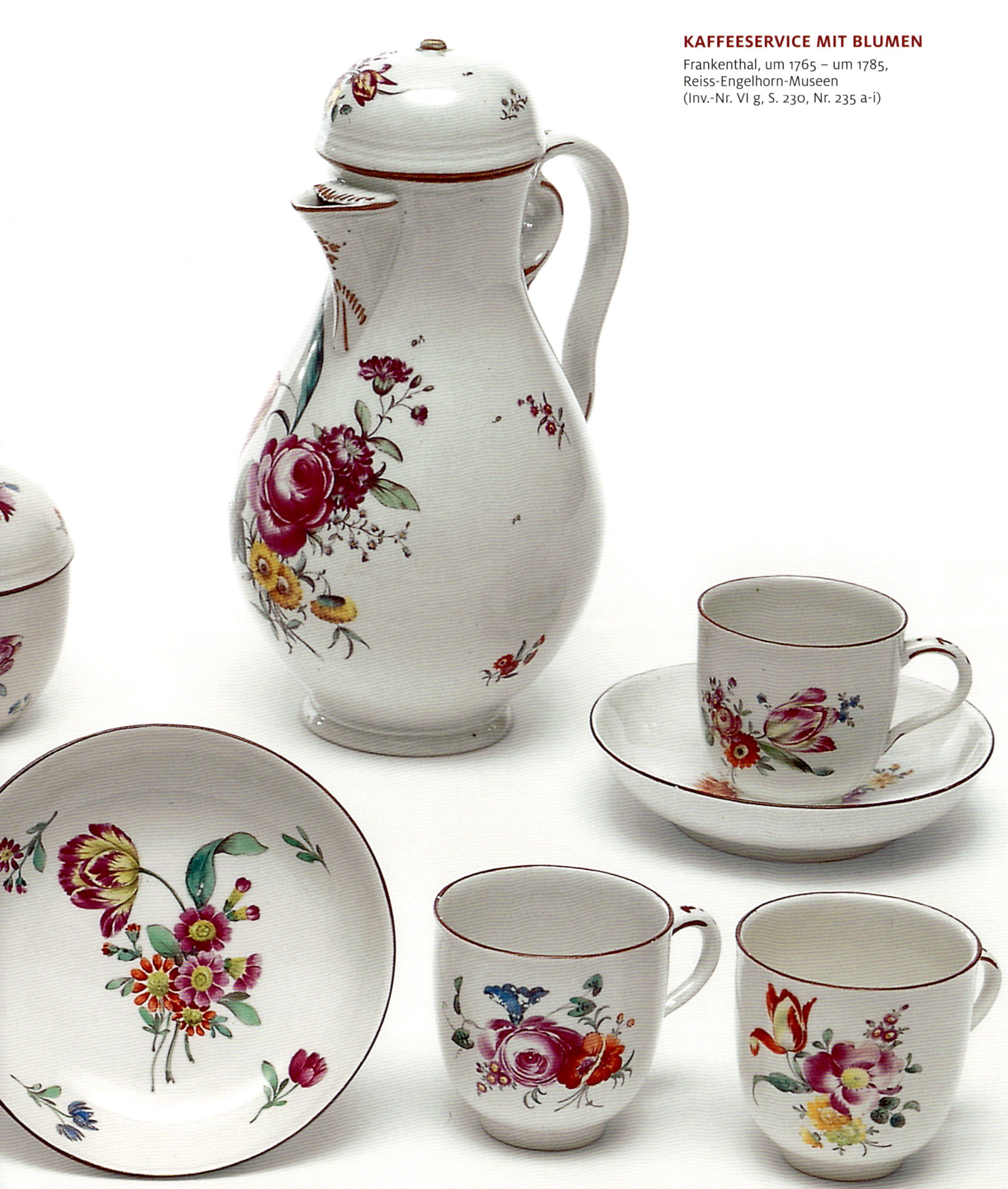

KAFFEESERVICE MIT BLUMEN

Frankenthal, um 1765 – um 1785,
Reiss-Engelhorn-Museen
(Inv.-Nr. VI g, S. 230, Nr. 235 a-i)

DÉJEUNER MIT »BUNTEN BATAILLEN STÜCKEN«

Frankenthal,
Maler: wohl Bernhard Magnus, um 1785,
Reiss-Engelhorn-Museen
(Inv.-Nr. C 378)

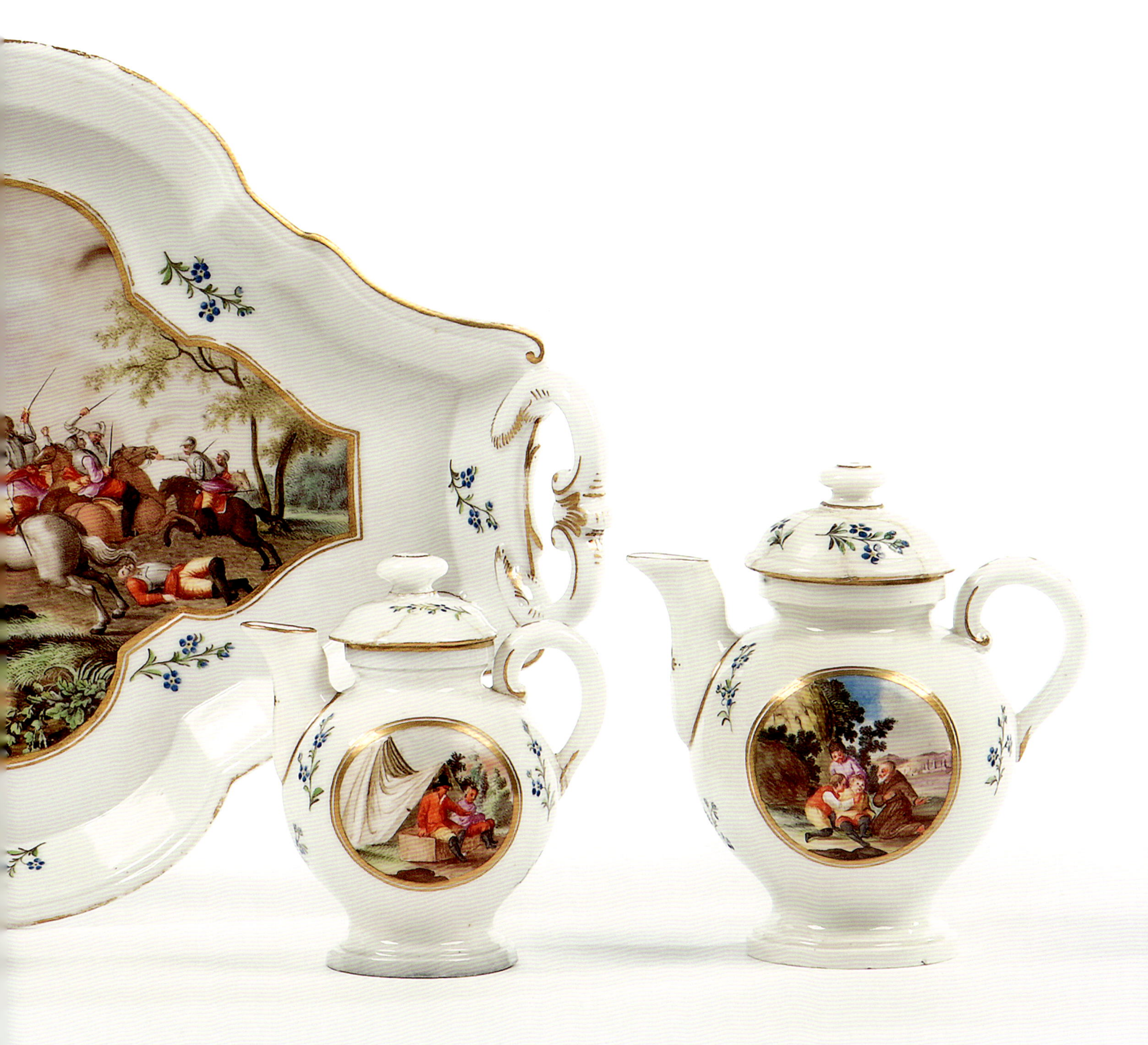

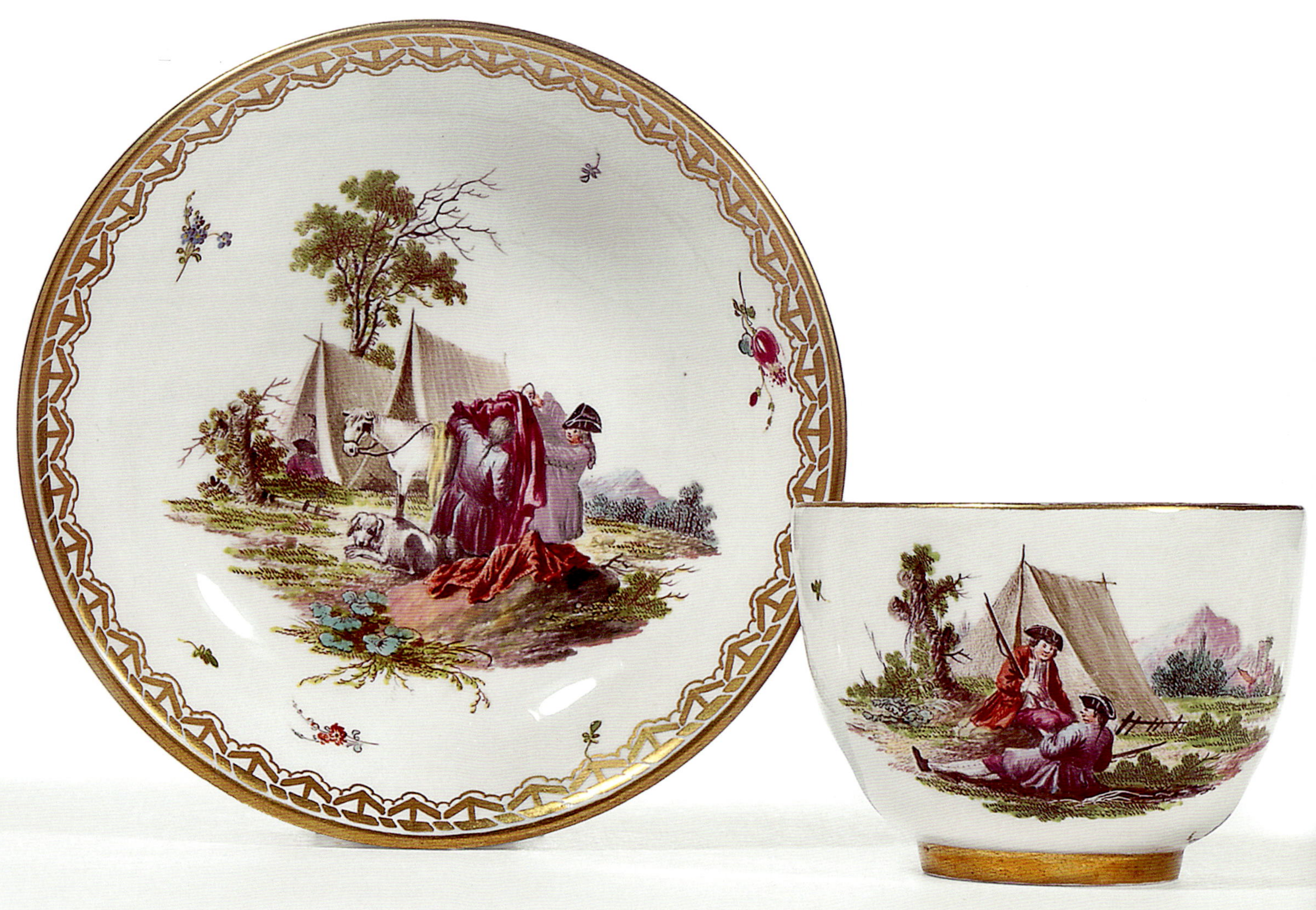

schenke rangierten. So ließ die einflussreiche Mätresse des französischen Königs, Madame de Pompadour (1721–1764), dem Kölner Kurfürsten Clemens August (1700–1761) im August 1757 ein Déjeuner zukommen. König Ludwig XV. (1710–1774) schenkte 1759/60 dem Kurfürsten Carl Theodor ein Service aus 222 Bestandteilen, das in der Hofmanufaktur Sèvres gefertigt worden und mit einem Vogeldekor versehen war, den von da an Frankenthaler Porzellan aufnahm und variierte. Das bereits erwähnte Jenner-Service in den Reiss-Engelhorn-Museen ist gleichfalls als eine politisch-diplomatische Gabe zu verstehen. Da die deutsche Schweiz damals aus Bayern große Mengen Salz für die Käseherstellung bezog, schickten die Berner Johannes von Jenner als Sachverständigen, um die Salzbergwerke vor allem in Traunstein und Reichenhall effektiver zu gestalten und zu verbessern. Nachdem die Verhandlungen gut liefen, belohnte Carl Theodor, der damals bereits in München war, Jenner mit der Verleihung des Pfälzischen Löwenordens und mit dem gewaltigen Porzellangeschenk (Abb. S. 32).

Carl Theodor ließ zur Beförderung guter Verhandlungen mit dem römischen Kardinal Leonardo Antonelli (1730–1811) in seiner Manufaktur 1778–1785 ein großes Tafelservice anfertigen und nach Italien schicken. Dieses Frankenthaler Service war mit heimischem Geflügel dekoriert. Carl Theodor wollte mit diesem Geschenk erreichen, dass in München eine päpstliche Nuntiatur eingerichtet würde. Dank des weißen Golds konnte das Ziel verwirklicht werden. Der Kurfürst hatte für den Kardinal 24 Gedecke herstellen lassen, d. h. ein Tafelservice mit 198 Geschirrteilen, 166 Stücke für das Dessert sowie 149 plastischen Gruppen als Tischdekor. Bei seinem zweiten Romaufenthalt im Jahr 1783 speiste der Kurfürst zwei Male im Beisein des Kardinals in großer Gesellschaft mit diesem Service. Bis zu den Verhandlungen Carl Theodors war der Papst nur am Kaiserhof in Wien und in Köln diplomatisch vertreten gewesen. Auf Einladung Carl Theodors kam Papst Pius VI. (1775–1799) 1782 auf dem Rückweg von Wien nach Rom entlang der alten Poststraße über Altötting, München und Augsburg. In Altötting schlief der Papst im Propsteigebäude neben der Stiftskirche; in Augsburg stellte eine Augsburger Bankiersfamilie ihr Tafelsilber für das päpstliche Festbankett zur Verfügung. Die Liste der diplomatischen Geschenke zeigt, welch hohe Wertschätzung Porzellangaben im 18. Jahrhundert besaßen.

Tee, Kaffee und Schokolade zu trinken, ist eine vergleichsweise junge Tradition. Diese Mode kam erst Ende des 17. Jahrhunderts auf. Der Göttertrank der Azteken

TASSE UND UNTERTASSE MIT SOLDATENSZENEN

Frankenthal, um 1765,
Reiss-Engelhorn-Museen
(Inv.-Nr. Ch 1283)

(chocoatl) gelangte 1528 durch Hernán Cortez (1485–1547), den spanischen Eroberer des Aztekenreiches, nach Spanien. 1606 ist Schokolade in Florenz und ab 1660 in Frankreich belegt. Populär wurde die heiße Schokolade durch die Gemahlin König Ludwigs XIV. Zur Zubereitung dieses Heißgetränks verwendete man eine Kanne mit durchbrochenem Deckel und abstehendem Griff, da die Schokolade unter Hitze aufgeschäumt wurde. Auf einem Réchaud wurde sie beständig gequirlt.

1559 machte der Humanist und venezianische Gesandte Gianbattista Ramusio (1485–1557) durch seine Beschreibung Tee überhaupt erst in Europa bekannt. Im Jahr 1610 erreichte dann die erste große Teelieferung die Niederlande. Doch erst ab 1638 gehörte Tee zu jeder Schiffsladung aus Ostasien, die nach Europa kam. Getrunken wurde der Tee aus flachen Koppchen – henkellosen Schälchen – und zubereitet in bauchigen Teekannen, die beide aus Porzellan waren und gemeinsam mit dem Tee aus China oder auch Japan importiert wurden.

Kaffee wurde erstmals 1582 von Leonhard Rauwolf (1535–1596), einem Naturforscher und Entdeckungsreisenden aus Augsburg, beschrieben im Zuge seiner Jerusalemreise. 1637 kam der erste Rohkaffee nach Europa. In größeren Mengen gelangte Kaffee ab 1660 über Venedig und Marseille ins lateinische Abendland. Kaffee und Tee fand man allerdings bitter, und sah beide Getränke daher zunächst eher als Medizin an. Als der türkische Gesandte Soliman Aga 1669 am Hofe Ludwigs XIV. (1638–1715) in Frankreich den Kaffee mit Zucker präsentieren ließ, begann der Siegeszug des Mohrensaftes als Genussmittel im Abendland. Bald darauf entstanden die ersten Kaffeehäuser: im Jahr 1700 das Café Procope in Paris. Es erschienen Bücher über den Kaffeegebrauch. Ein eigenes Kaffeeservice hatte man noch nicht. Im frühen 18. Jahrhundert war das meiste Geschirr aus Fayence, die mit einer weißen Zinnglasur überzogen Porzellan imitieren sollte. Tee nahm man bisweilen aus importiertem Porzellan zu sich. Schokolade und Kaffee wurde auch aus Silber- oder Zinngefäßen getrunken. 1686–1689 waren am französischen Hof die ersten speziellen Silberkannen für Schokolade entstanden, die in den silbernen Schokoladenkännchen gehobener Konditoreien bis heute fortwirken.

Kaffee servierte man in europäischem Gerät: die Kannen waren an balusterförmigen Weinkannen in Silber oder Zinn orientiert, die Tassen an den hohen in der Türkei üblichen Tassen und oft aus Fayence.

Mit Erfindung des europäischen Porzellans in Meißen 1709 wurde eine neue Ära eingeleitet. Nicht mehr asiatisches Porzellan kopierende Fayencen bestimmten den Markt, sondern Produkte aus europäischen Manufakturen. An die Tassen kamen nun Henkel, so dass man sich nicht mehr die Finger verbrannte. Hinzu kamen Untertassen, deren Name daran erinnert, dass sie tatsächlich als Tasse genutzt wurden, da in Untertassen

Heißgetränke schneller abkühlten. Das Porzellan hatte zusätzlich den Vorteil, dass es keine geschmacklichen Beeinträchtigungen der Getränke gab. In Meißen entstanden um 1720 die ersten Frühstücksservices für zwei bis sechs Personen.

Außerdem bekamen seit dem späten 17. Jahrhundert Schokolade und Kaffee im Hofzeremoniell des Lever eine neue Bedeutung, wie für den französischen Hof unter Ludwig XIV. überliefert ist. Während der verschiedenen Entrées im Paradeschlafzimmer wurde der Fürst gewaschen und angekleidet. Dann ging der Fürst in ein Kabinett mit einem ausgewählten Kreis an Personen. Hier stand das prachtvolle Vermeilservice aus Silber, das jedoch nicht benutzt wurde. Während der langwierigen Toilette nahm der Fürst das Frühstück ein, das zu Zeiten Ludwigs XIV. Schokolade enthielt und was seit 1730/40 in einem Croissant oder einer Brioche, Kaffee oder Tee oder Schokolade, jeweils mit Zucker oder Milch bestand. Schon bald wurden für die Schokolade die Wackeltassen, die Trembleusen entwickelt. Da der Fürst allein frühstückte, wurde das Schokoladenservice unter Ludwig XV. (1723–1774) dann zum Solitaire für eine Person weiter entwickelt. Beim Solitaire-Service konnte auch auf die Wackeltasse verzichtet werden, damit es vielfältig einsetzbar war. Daneben wurden Déjeuners für zwei Personen geschaffen. Frühstücksservices für mehrere Personen sind aber eher mit der zweiten Hälfte des 18. Jahrhunderts zu verbinden. Ein Pariser Luxuswarenhändler lieferte am 26. Dezember 1753 erstmalig ein vollständiges Déjeuner an M. de Boulogne.

Nach dem Entstehen diverser Porzellanmanufakturen in Europa kam ab der Mitte des 18. Jahrhunderts Porzellan bei Hofe sehr in Mode. Fayencegeschirr wurde nun eher zum bürgerlichen Requisit. Nun zählte Schokoladen-, Tee- und Kaffeezeug aus Porzellan zur höfischen Etikette – seine Kostbarkeit spiegelte den Rang der Benutzer. Ab 1755 waren aus Frankreich vermittelt Solitaires auch am Mannheimer Hof bekannt; dennoch wurden Solitaires und Déjeuners erst ab 1762 in Frankenthal hergestellt, komplette Kaffee- Tee- und Schokoladenservice nochmals später. Am Mannheimer Hof frühstückten Kurfürst und Kurfürstin vermutlich separat. Offenbar nahmen sie auch untertags Tee oder Kaffee nicht unbedingt in Gesellschaft, sondern in »appartements de commodité« ein. In Schloss Schwetzingen gab es ab 1762 für Elisabeth Auguste solch ein »appartement de commodité« mit nur einem einzigen Sessel. Kaffee dürfte die Kurfürstin dort wohl aus einem Solitaireservice genossen haben.

Ob das wie neu wirkende Bataillenservice vielleicht nie benutzt wurde und wo und wann es später als kostbares Schaustück gedient haben könnte, muss offenbleiben. Jetzt hat es sein Ziel in Mannheim, der alten kurpfälzischen Residenzstadt, erreicht und ist ein Glanzstück der Porzellansammlung der Reiss-Engelhorn-Museen.

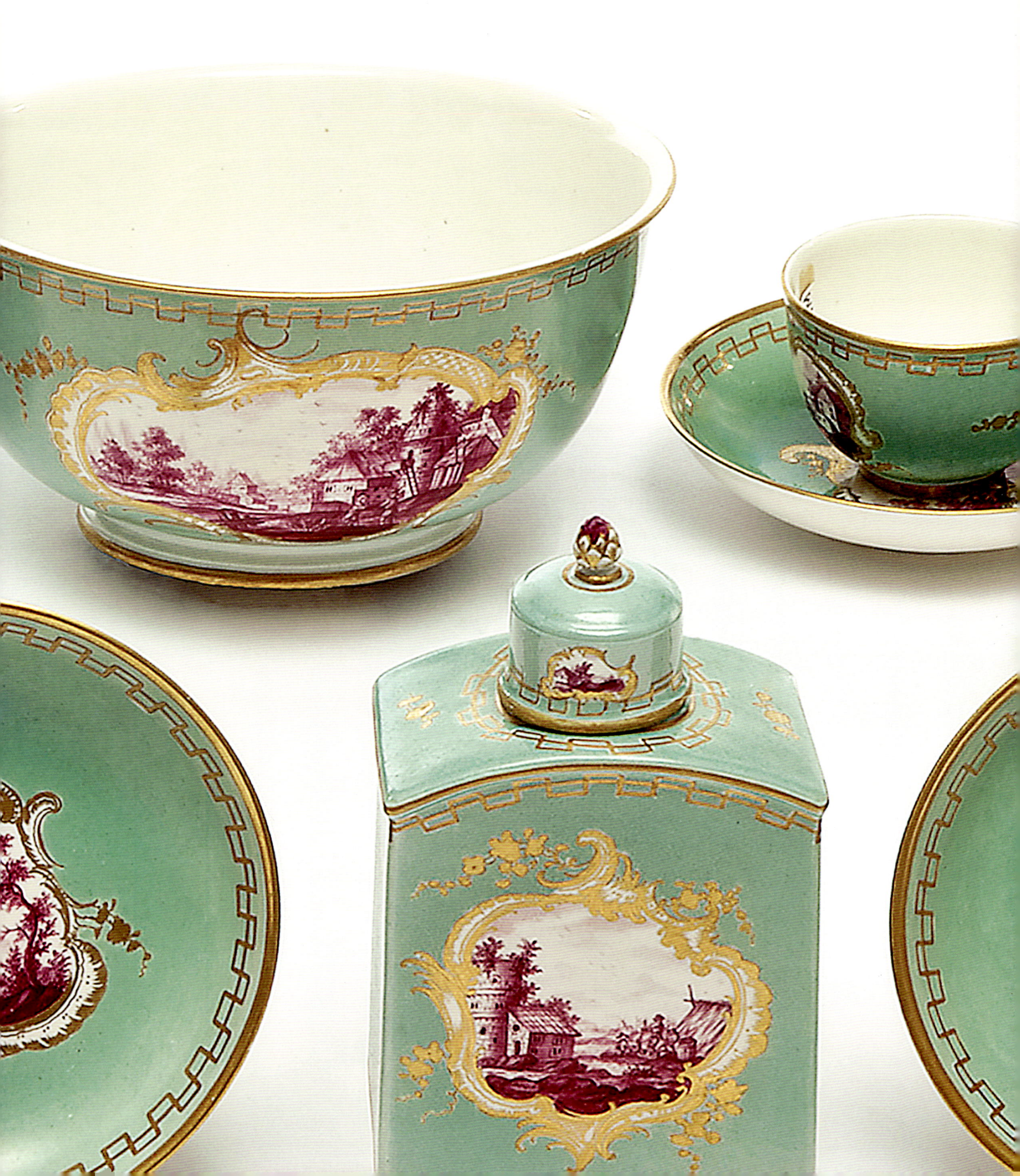

Eva-Maria Günther

CHINESISCHES PORZELLAN

und wie das Arkanum nach Europa kam

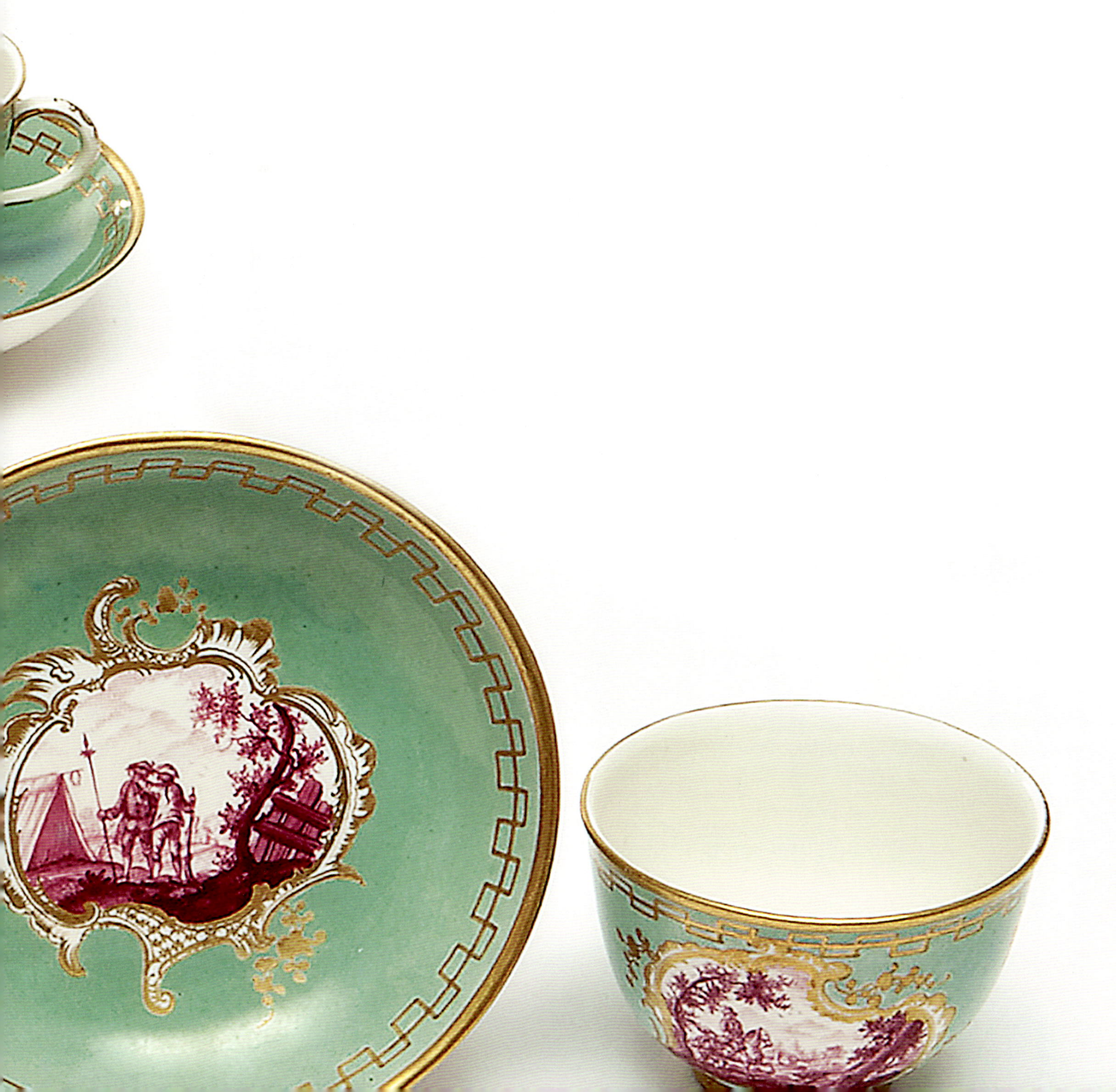

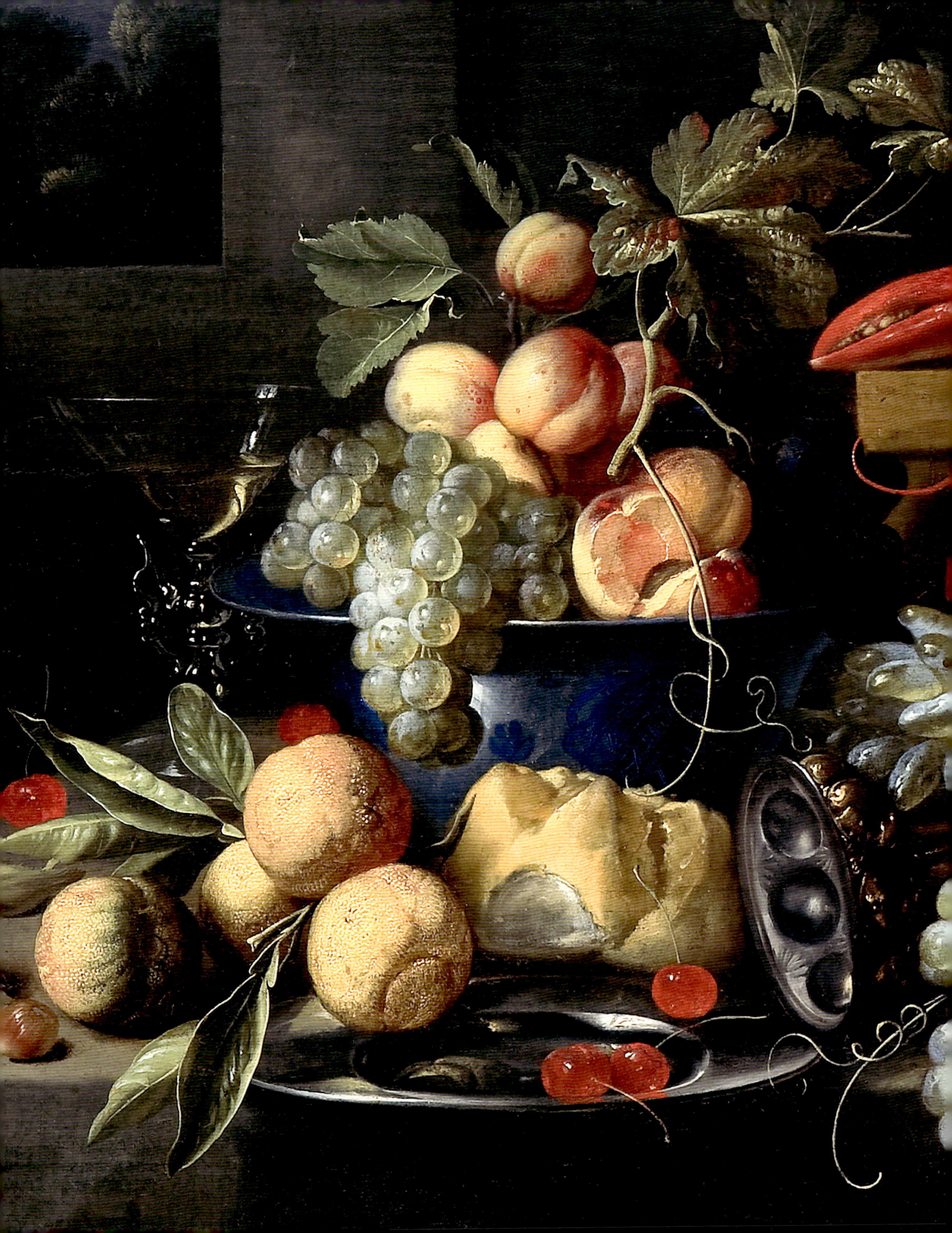

Zart, äußerst formbar und nach dem Brennen von erstaunlicher Härte präsentiert sich der Werkstoff Porzellan. Lange Zeit der pure Luxus, findet sich Porzellan, makellos weiß und in edlen Formen, in jedem Haushalt. Was heute selbstverständlich ist, war vor gerade einmal 350 Jahren noch eine Rarität.

Made in China – Porzellan, ein gut gehütetes Geheimnis

»China«, der bis zum heutigen Tag gebräuchliche englische Name für Porzellan, gibt einen Hinweis auf die Herkunft des weißen Materials, dessen Herstellung in Europa bis ins frühe 18. Jahrhundert niemand beherrschte. Die Entstehungsgeschichte des Werkstoffs im Reich der Mitte verliert sich im Dunkeln. Seine Erfindung gilt als Ergebnis eines langen Entwicklungsprozesses, während dessen chinesische Töpfer reichliche Erfahrungen im Umgang mit keramischen Materialien und Arbeitsprozessen sammelten. Durch ausgefeilte Brenntechniken gelang es bereits gegen Ende der Shang-Dynastie (18.–11. Jh. v. Chr.) ein porzellanähnliches Steingut mit blässlich grüner Glasur herzustellen. Grau-grün glasierte Keramikscherben, archäologische Funde aus der Zeit der östlichen Han-Dynastie (25–220 n. Chr.), wurden bereits bei 1.260 und 1.300 Grad Celsius gebrannt. Die nachweislich ersten Porzellane aus rein weißer Masse gab es im China des 6. Jahrhunderts n. Chr. Der aus der weißen Porzellanerde, dem Kaolin, gefertigte Scherben dieser als Xing-Ware bezeichneten Keramik besitzt eine transparente Glasur, die durch den Brand bei Temperaturen um 1.200 Grad Celsius fest mit dem Scherben verschmolzen ist. Während der Tang-Dynastie (618–907 n. Chr.) erfreute sich die Xing-Ware hoher Beliebtheit. Im 14. Jahrhundert erhielt Porzellan unter der Ming-Dynastie (1368–1644) erneut einen Qualitätsschub. Die Glasuren, das Dekor und die Malerei verfeinerten sich. Drachen-, Fisch- und Pflanzenmotive zierten die Porzellane. Kobaltblau, das die Chinesen aus Mesopotamien (dem heutigen Irak) importierten, bereicherte die Farbpalette.

Die im Südosten Chinas am Fluss Jangtse gelegene Stadt Jingdezhen entwickelte sich über die Jahrhunderte zum Weltzentrum der Porzellanerzeugung. Bereits im 18. Jahrhundert pulsierte die Großstadt, in der etwa 18.000 Töpferfamilien lebten. Dreitausend Brennereien fertigten rund um die Uhr Porzellan, das dazu benötigte Kaolin wurde von dem nahe gelegenen, namensgebenden Gebirgszug Gaoling zu den Manufakturen gebracht. Bis heute wird in Jingdezhen Porzellan erzeugt.

Da die aus Porzellan gefertigten Gegenstände sehr beliebt und teuer waren, blieb die Herstellung des kostbaren Materials jahrhundertelang ein gut gehütetes Geheimnis der Chinesen. Der Anteil der zur Erzeugung benötigten Rohmaterialien Kaolin, Feldspat (Petuntse) und Quarz variiert zudem je nach Produktionsart und Herstellungsort. Die Zusammensetzung und die Methoden der Porzellanerzeugung waren lange Zeit nur wenigen Produzenten bekannt. Ein Verrat zog hohe Strafen nach sich.

Es dauerte noch Jahrhunderte bis auch außerhalb Chinas das Interesse an Porzellan erwachte. Arabische Quellen aus dem 9. Jahrhundert erwähnten bereits Keramikerzeugnisse aus China, die so durchscheinend

DETAIL AUS EINEM STILLEBEN MIT FRÜCHTESCHALE

um 1600, Alexander Coosemans (1627–1689), Asiatische Porzellane und europäische Nachahmungen waren höchst geschätzt und kostbares Beiwerk auf Stillleben, Reiss-Engelhorn-Museen (Inv.-Nr. Staat 285)

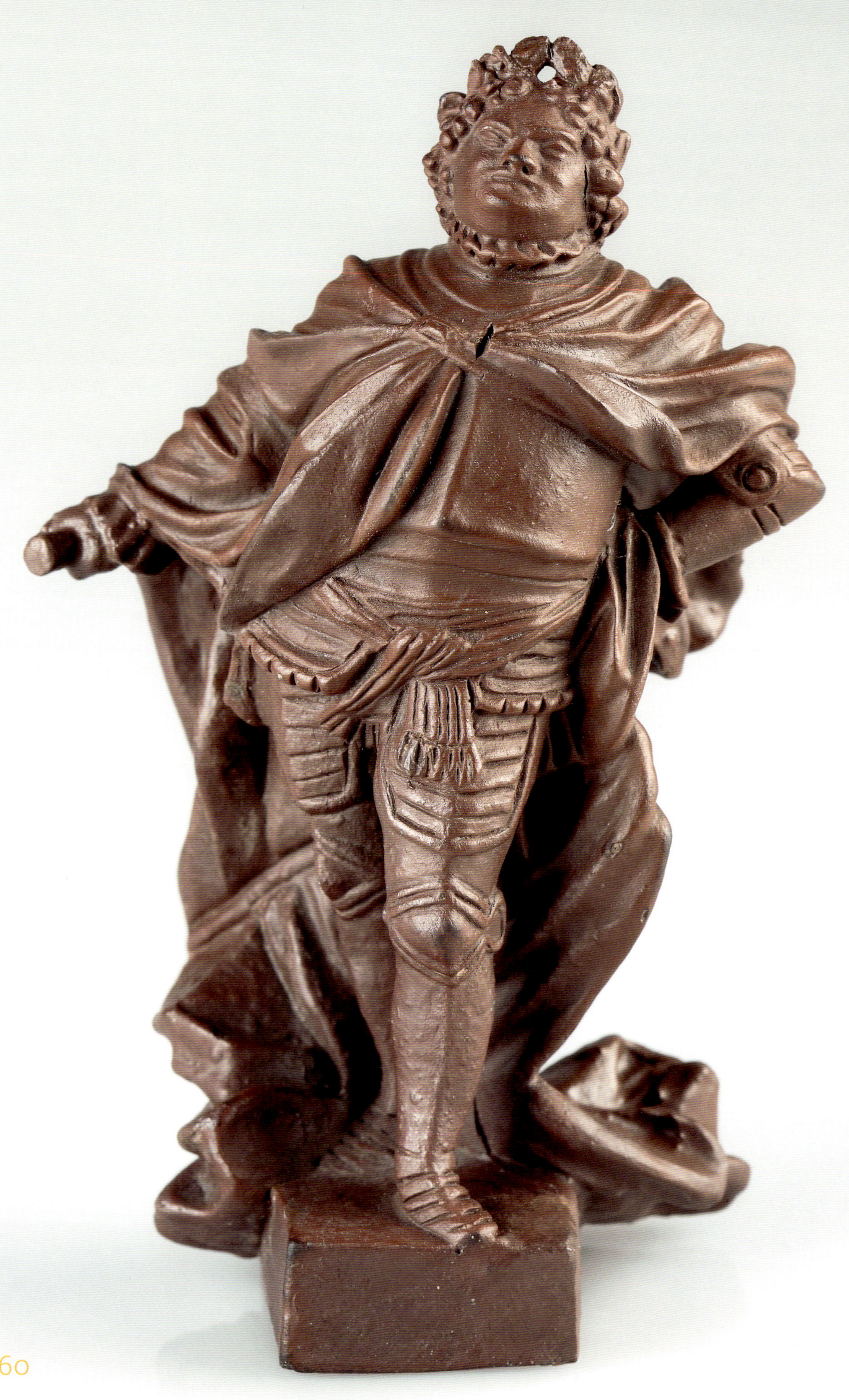

wie Glas gewesen seien. Im Mittelalter gelangte auf mühevollen Wegen die erste chinesische Ware durch Kaufleute, Forscher oder Weltreisende nach Europa. Als der Abenteurer Marco Polo (1254–1324) um 1300 n. Chr. das Reich der Mitte durchreiste, berichtete er bei seiner Rückkehr von einem besonders edlen, harten und blütenweißen Material, aus dem die Chinesen Geschirr und Tischschmuck herstellten. Er hatte einige Teile der exotischen Ware im Gepäck, nur wenig davon hat sich in Kunst- und Wunderkammern bis heute erhalten. Erst ab dem 16. Jahrhundert traf vermehrt Porzellan auf Handelsrouten über Land und auf dem neu entdeckten Seeweg nach Ostindien in Europa ein. Beim Adel galt das »weiße Gold« als besonderes Luxusgut, das sich die Herrschaften einiges kosten ließen. An der Wende zum 17. Jahrhundert, nachdem außer den Spaniern und Portugiesen nun auch die Engländer und Holländer mit China in Verbindung traten, gelangte chinesisches Porzellan in größeren Mengen nach Europa. In dieser Zeit setzte in China unter Kaiser Kangxi (1654–1722) eine Steigerung der Porzellanproduktion ein, die der wachsenden Leidenschaft für dieses Material in Europa entgegenkam. Gleichzeitig wurde nun auch für den europäischen Markt Porzellan mit spezifischen von den Importeuren in Auftrag gegebenen Formen und Mustern gefertigt und von der niederländisch ostindischen Kompanie massenhaft nach Europa importiert. Porzellanerzeugnisse avancierten vom seltenen Luxusartikel zum alltäglichen Gebrauchsartikel. Die zahlreichen damals entstandenen Darstellungen von chinesischen Porzellanen auf Stillleben künden davon (Abb. S. 58). Noch größer ist die Zahl der Stücke, die sich aus dieser Zeit bis heute erhalten haben.

STATUETTE AUGUSTS DES STARKEN ALS RÖMISCHER KAISER

Böttgersteinzeug
Meissen, um 1710/13, Reiss-Engelhorn-Museen (14898)

Die Porzellane Chinas, aber auch Japans, mit ihrer ungewöhnlichen Formenwelt, Farbenpracht und ihrem starken Glanz faszinierten, allen voran, den französischen König Ludwig XIV. (1638–1715). Dieser, Vorbild für Herrscher in ganz Europa, machte Porzellansammeln zur regelrechten Mode in den meisten Adelshäusern. Porzellankabinette entstanden und kündeten vom Ehrgeiz der großen und kleinen Fürsten. Die Sammler aus den Kreisen der höfischen Aristokratie suchten vorwiegend nur das für den chinesischen Markt produzierte hochwertige alte Porzellan aus der Dynastie der Yuan (1280–1368) und der Ming (1268–1644), der Shuzhi- (1644–1661) und der Kangxi-Zeit (1662–1722). Diese chinesischen, aber auch die japanischen Porzellane wurden so sehr geschätzt, dass man sie vielfach kunstvoll und kostbar in Gold, Silber oder Goldbronze fasste. Das alles jedoch übertraf der dem Prunk zugeneigte Kurfürst von Sachsen und König von Polen, August der Starke (1670–1733). Er plante die Errichtung eines eigenen Porzellanpalais für seine Sammlung prächtiger Porzellane aus allen Schaffensperioden Ostasiens. Obwohl das Ansinnen nicht realisiert werden konnte, ging daraus die berühmte Dresdner Porzellansammlung hervor. Im Verlauf des 18. Jahrhunderts nahm schließlich aufgrund der verstärkten Errichtung von Manufakturen in Europa die Einfuhr ostasiatischen Porzellans stark ab.

Auf der Suche nach Gold – die erneute Erfindung des Porzellans

Die Annahme, Porzellan sei eine Art Glas, führte zu den unterschiedlichsten Versuchen, Porzellan in Europa nachzuahmen. Erste Ergebnisse gelangen gegen Ende des 16. Jahrhunderts in der für ihre Glasproduktion berühmten Stadt Venedig. Das hier im Auftrag des Großherzogs Francesco I. de' Medici (1574–1587) erzeugte »Medici-Porzellan« entsprach jedoch keineswegs dem ostasiatischen Vorbild. Die Masse des Protoporzellans

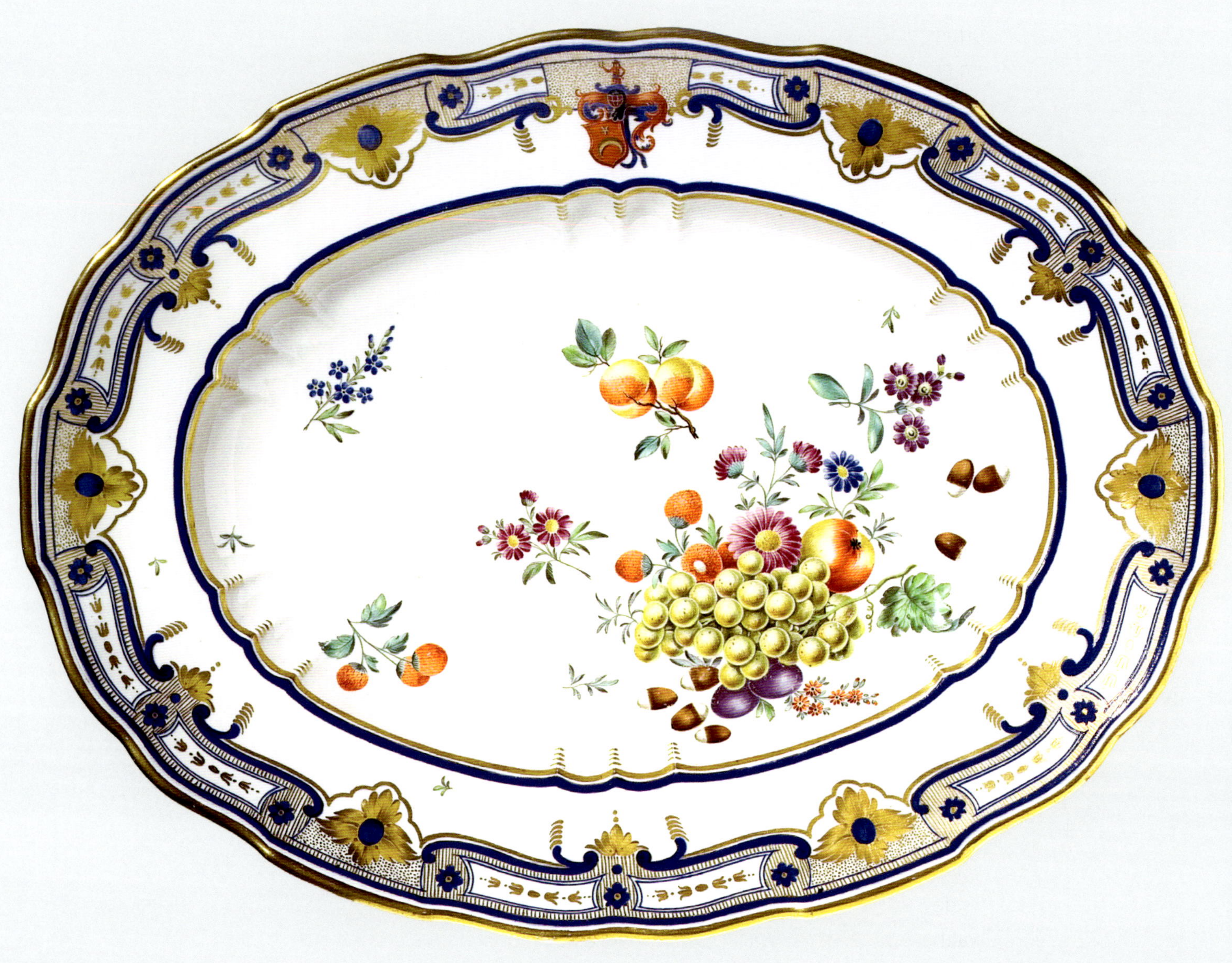

PLATTE AUS DEM TAFELSERVICE DES BERNER GESANDTEN UND SALZINTEN-DANTEN JOHANNES VON JENNER

ein luxuriöses Geschenk des Kurfürsten
Carl Theodor, Frankenthal, 1781–1783, Bemalung 1783/84,
Reiss-Engelhorn-Museen (Inv.-Nr. RMM 1985/7)

(steinzeugartige Vorformen von Porzellan) bestand aus weißem Ton und einem großen Anteil an glashaltigen Substanzen. Erst gegen Ende des 17. Jahrhunderts gelang es in Frankreich, ein sogenanntes Frittenporzellan zu erfinden, das sich vom echten, harten Porzellan noch stark unterschied: Physikalisch und chemisch ähnelte es eher Glas. Der entscheidende Rohstoff des Porzellans, Kaolin, fehlte dieser Masse, die sich daher als nicht widerstandsfähig erwies und schnell zerkratzte. Als die bunten italienischen Majoliken am Beginn der Barockzeit langsam außer Mode kamen, trat die Fayenceware mit weißer Glasur und blauer Farbe an ihre Stelle. Mit den Delfter Fayencen entstand in Holland eine in der Zierweise an ostasiatische Vorbilder angelehnte Ersatzware. Im Bemühen, das durch die Niederländisch-Ostindische Kompanie 1602 erstmals importierte chinesische Porzellan zu imitieren, dekorierte man die Keramikwaren seit 1630 fast nur noch in Blau. Mit Hilfe einer zusätzlichen weißen Bleiglasur erlangte die sogenannte Delfter Ware große Ähnlichkeit mit Porzellan.

Das Medici-Porzellan, das französische Frittenporzellan, das »Fayenceporzellan« und viele andere waren keine Porzellane, da sie nicht alle Eigenschaften des Werkstoffs aufwiesen. Die Geschichte des europäischen Porzellans beginnt erst mit der Entdeckung der Herstellungsmethode durch Ehrenfried Walther von Tschirnhaus (1651–1708) und Johann Friedrich Böttger (1682–1719). Vorausgegangen waren die Bemühungen Böttgers auf Geheiß Augusts des Starken, echtes Gold zu erzeugen. Der Alchemist und Apothekergehilfe behauptete von sich, diese Fähigkeit zu besitzen, was dem umtriebigen König mit stets leerer Staatskasse äußerst gelegen kam. In einer Zeit, in der ein Herrscher wie August der Starke ein ganzes Dragonerheer, genauer 600 seiner Soldaten, gegen 151 Porzellane, darunter 18 chinesische Deckelvasen (bis heute als Dragonervasen bekannt) tauschte, zählte das Leben des Einzelnen nur so viel ihm der Fürst an Bedeutung beimaß – Böttger wurde zum Eigentum des Herrschers. Bislang jedoch hatte der Alchemist das Versprechen der Goldherstellung noch nicht eingelöst. Nach einigen Fluchtversuchen und um ihn vor fremden Interessen zu schützen, wurde er nach Meißen auf die Albrechtsburg gebracht. Dort eingekerkert, experimentierte er verzweifelt, um das Geheimnis der Golderschaffung zu lüften. In dieser Zeit lernte er den Wissenschaftler Tschirnhaus kennen, der sich mit dem Werkstoff Glas beschäftigte, um das Arkanum (das Geheimnis, eigentlich Rezeptur) der Porzellanherstellung zu entschlüsseln. Tschirnhaus hatte bereits 1701 im Auftrag des Kurfürsten eine Studienreise nach Delft und Paris unternommen mit dem Anliegen, keramische Herstellungsprozesse zu erkunden. Daher resultierte seine Erkenntnis, dass mit hohen Temperaturen Glas und Ton geschmolzen werden können. Da Porzellan wie Glas schimmerte, war der Gedanke naheliegend, verflüssigtes Glas als Porzellanbestandteil zu nutzen. Böttger und Tschirnhaus experimentierten nicht alleine an der Erfindung von Porzellan, ihnen zur Seite standen weitere Forscher, darunter der Arzt Jacob Bartholomaei (1670–1742) sowie der erzgebirgische Hüttenexperte Gottfried Pabst von Ohain (1656–1729).

Bislang wurden die begehrten Porzellane in millionenfacher Stückzahl aus China und Japan importiert. Jeder Fürstenhof, der etwas auf sich hielt, trug seine eigene Porzellansammlung zusammen. Um diesen Markt zu bedienen, suchte man überall in Europa nach einem Weg Porzellan zu produzieren, auch, um als erster die vielversprechenden Gewinne einstreichen zu können. Die Aussicht, das asiatische Monopol zu brechen, um seinerseits ein europäisches zu errichten, war für August den Starken sehr verlockend. Infolge seines verschwenderischen Lebenswandels und des gescheiterten Traumes von Sachsen als Großmacht hatte er den Staat ruiniert. Wenn also Böttger schon kein Gold machen konnte, sollte er sich wenigstens auf dem Gebiet des Porzellans als lukrative Investition erweisen. 1706 gelang ihm der Brand von sogenanntem »roten Porzellan«, dem Böttger-

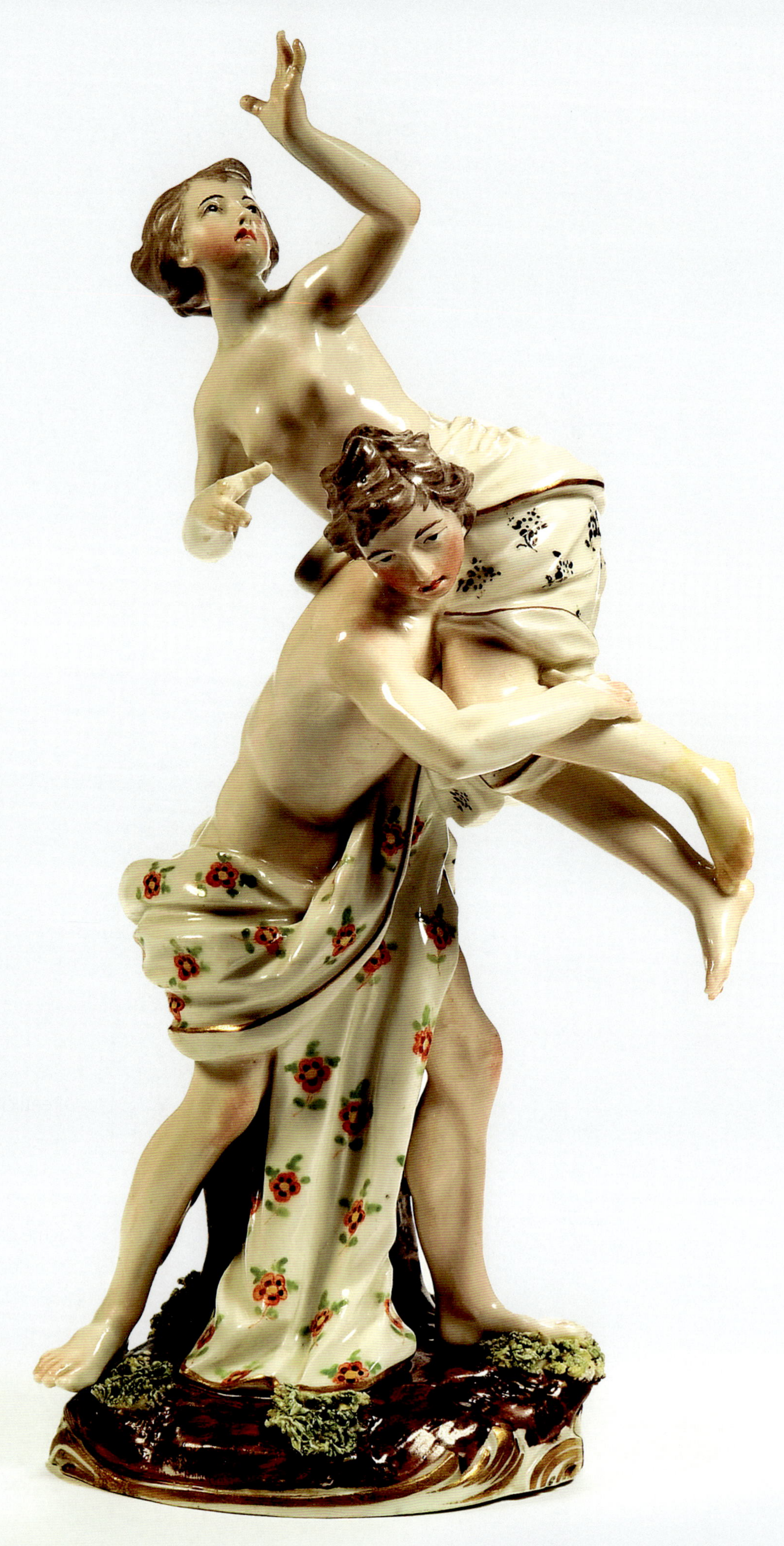

steinzeug, (Abb. S. 60) bei dem Tone mit Quarzen und einem Flussmittel vermischt bei hohen Temperaturen gebrannt wurden. Als nach diesen Anfangserfolgen die Entschlüsselung des Geheimnisses des Porzellans in greifbare Nähe gerückt war, begann eine erhebliche Betriebsamkeit unter strengster Geheimhaltung. Während Böttger zunächst in seinem Gefängnis in Meißen blieb, forschte Tschirnhaus in Dresden weiter. Außerdem begann man an einem dritten Ort mit Brennöfen zu experimentieren. Etwaige Spione sollten auf keinen Fall sämtliche Teile des Geheimnisses auf einmal enträtseln können. 1708 schlug die Geburtsstunde des »weißen Goldes« in Europa: 1.000 Jahre nach den Chinesen gelang die erneute Erfindung der Porzellanmasse in Sachsen, und zugleich fiel mit der erfolgreichen Herstellung des ersten europäischen Porzellans ein jahrtausendealtes asiatisches Monopol. Dem kursächsischen Rat und bekannten Naturwissenschaftler Tschirnhaus war es nach jahrelangen Versuchen gelungen, in seinem Schmelztiegel das erste Stück weißen Hartporzellans herzustellen. Diese historische Tatsache teilte Böttger in einem Brief vom 14. Oktober 1708 dem Sächsischen Hof mit (Dresden, Hauptstaatsarchiv, Loc.976). Böttger, der jahrelang als eigentlicher Erfinder des Porzellans galt, forschte nach dem Tod von Tschirnhaus weiter an der Rezeptur und nahm verfahrenstechnische Verbesserungen vor. Die Arbeiten führten zum Erfolg. Schon bald konnte er die Früchte seiner Bemühungen ernten und allmählich die Porzellanherstellung in größerem Umfang vervollkommnen.

FIGUR DES RAUBES EINER SABINERIN
Frankenthal, 1767, Modell von Franz Conrad Linck, Reiss-Engelhorn-Museen (Inv.-Nr. RMM 1970/2)

Mit dem Dekret Augusts des Starken vom 23. Januar 1710 folgte die Gründung der ersten europäischen Porzellanmanufaktur in Dresden. Im März desselben Jahres wurde diese aus Gründen der Geheimhaltung nach Meißen auf die Albrechtsburg verlegt. Johann Friedrich Böttger wurde zum Leiter der Manufaktur ernannt.

Nach der Entschlüsselung der einschlägigen Rezeptur war der Siegeszug des Porzellans in Europa nicht mehr aufzuhalten. Durch Verrat, Spionage und Abwerbung von Mitarbeitern der Meißner Manufaktur gelangte das Arkanum der Porzellanmasse schon bald über die Grenzen Sachsens hinaus. Überall wurde nach Vorkommen von Kaolin gesucht, um ebenfalls in die Produktion des begehrten Materials einsteigen zu können. Die Fürsten Europas setzten sogleich alles daran, das Arkanum zu erfahren oder wenigstens einen der Arkanisten zu sich zu ziehen. Viele europäische Regenten und Städte taten es dem sächsischen Herrscher nach. Bald entstanden Porzellanmanufakturen in Wien (1718), im Londoner Stadtteil Chelsea (1745) oder im pfälzischen Frankenthal (1755) (Abb. S. 62). 1747 hatte das Haus Fürstenberg an der Weser eine eigene Porzellanmanufaktur. Im selben Jahr kam auch die Nymphenburger Produktionsstätte in München hinzu. Im Verlauf des Siebenjährigen Krieges (1756–1763) erreichten Porzellanmacher und das Geheimnis der Porzellanherstellung auch Preußen. 1763 wurde die »Königlich Preußische Porzellan-Manufaktur« (KPM) in Berlin gegründet. Die Manufakturen stiegen zu bedeutenden Konkurrenten von Meißen auf, zumeist zielstrebig gefördert durch die Höfe und deren öffentliche Prachtentfaltung.

Erst die zunehmende Industrialisierung der Herstellungsverfahren im 20. Jahrhundert machte das Porzellan endgültig zum Massenprodukt. Seit Ende der 1970er Jahre durchläuft die deutsche Porzellanindustrie immer wieder schwierige Krisenzeiten, hervorgerufen durch Billigimporte und sinkende Nachfrage. Allein Meißner

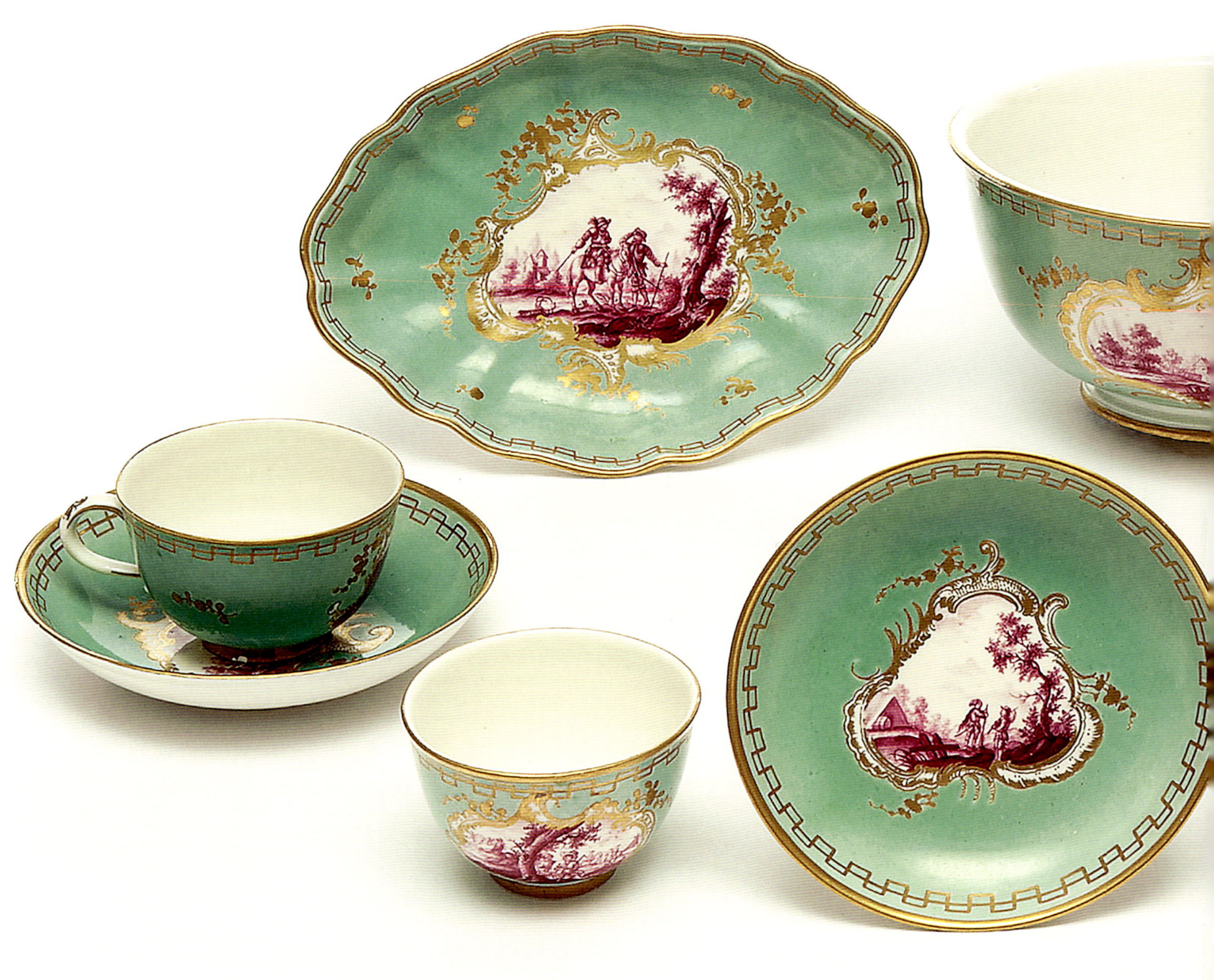

TEILE EINES KAFFEE- UND TEESERVICES MIT GRÜNEM FOND UND REITERSCHLACHTEN IN PURPURCAMAIEU NACH GEORG PHILIPP RUGENDAS D. Ä.

Frankenthal, 1766/67, Maler: Bernhard Magnus, Reiss-Engelhorn-Museen (Inv.-Nr. RMM 1977/15a–y)

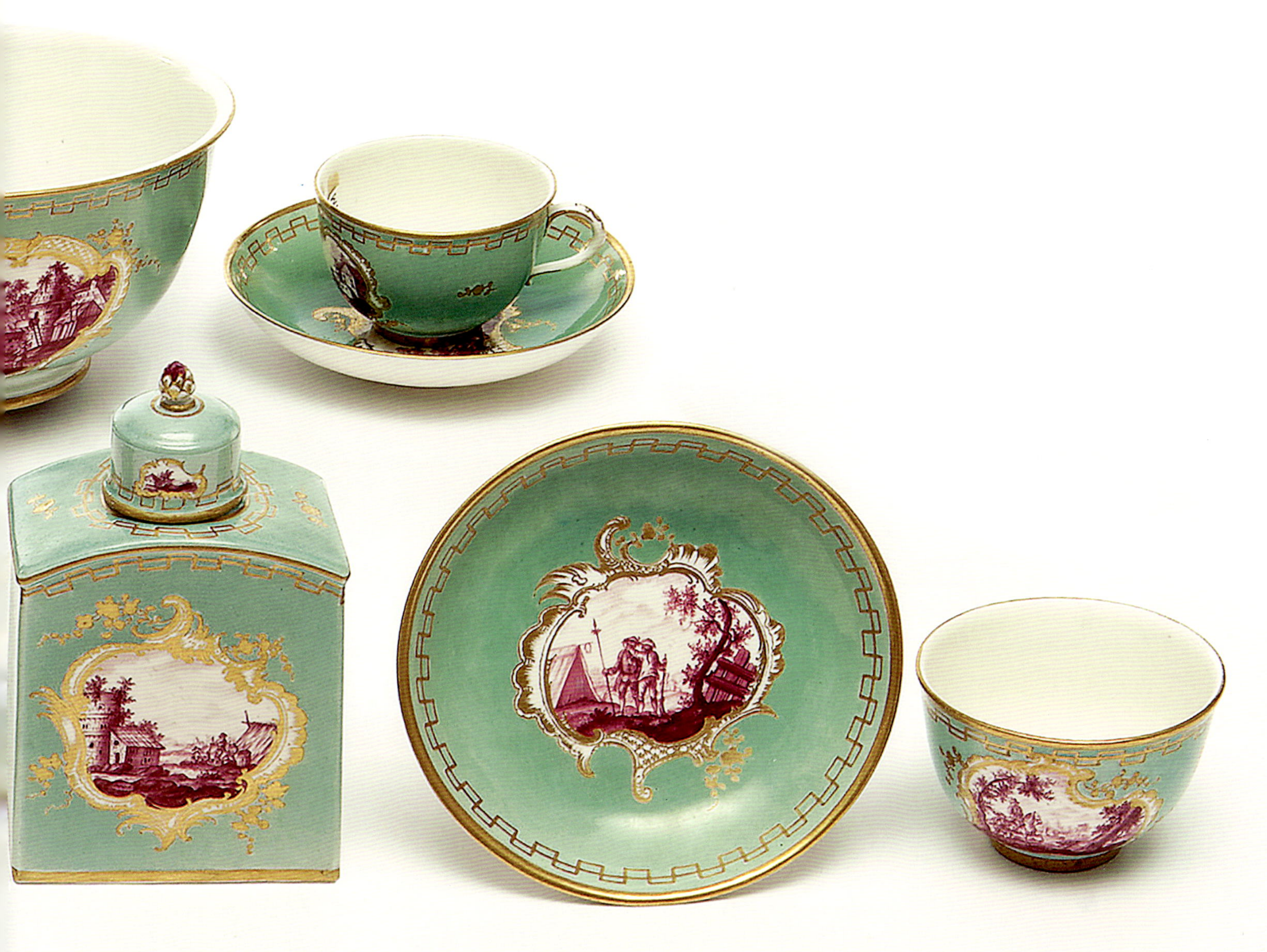

Porzellan, mit dem in Europa alles anfing, hat über drei Jahrhunderte hinweg Kriege und Krisen überstanden und zählt bis heute zu den begehrten Luxusgütern.

Kostbares Porzellan aus Frankenthal

Der Stolz des Kurfürsten war nahezu grenzenlos. Wann immer die Etikette eine freundliche Geste in Form eines Geschenks erforderte, beehrte Carl Theodor (1724–1799) Adel und Herrscher mit kunstvollen Erzeugnissen aus »seiner« Porzellanmanufaktur in Frankenthal. Damit hatte er gegenüber den anderen deutschen Herrschern etwas Gleichwertiges vorzuweisen.

Die Anfänge der Manufaktur in Frankenthal führen zunächst über die Grenze nach Straßburg. Dort fertigte Carl Franz Hannong (1669–1739) Fayencen. 1732 ging die Fabrik an seinen ältesten Sohn, Paul Anton (1700–1760) über. Dieser konnte, unterstützt durch den jungen »Wanderarkanisten« Joseph Jakob Ringler (1730–1804), einem

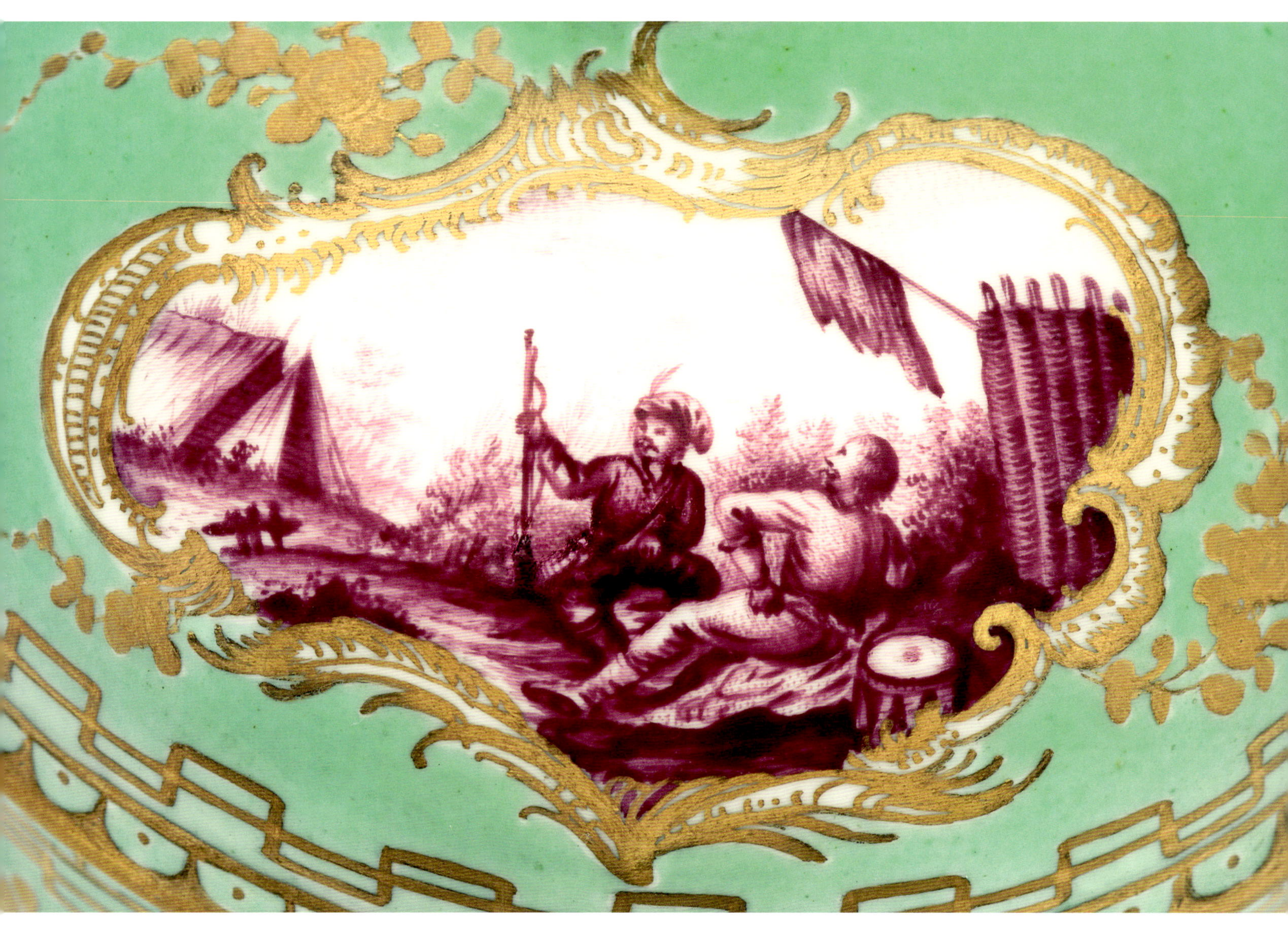

DETAIL DER ZUCKERDOSE MIT GRÜNEM FOND UND LAGERDARSTELLUNG IN PURPURCAMAIEU

Frankenthal, 1766/67, Reiss-Engelhorn-Museen (Inv.-Nr. RMM 1977/15)

Handwerker, der von sich behauptete, die Zusammensetzung der Porzellanmasse zu kennen, das begehrte Porzellan »à la Meissen« (Hartporzellan) herstellen. Nachdem jedoch der französische König Ludwig XV. (1710–1774) der Porzellanmanufaktur in Vincennes (ab 1756 in Sèvres) das Monopol der Porzellanerzeugung erteilt hatte, durfte an keinem anderen Ort in Frankreich Porzellan erzeugt werden. Nicht zuletzt soll des Königs Maitresse, Madame de Pompadour (1721–1764) bei dieser Entscheidung im Hintergrund mitgemischt haben, flossen doch auch Einnahmen aus der Manufaktur in ihre Schatulle. Damit war eine Abwanderung ins Ausland unvermeidbar, wollte Hannong je wieder Porzellan erzeugen. In Mannheim hatte Kurfürst Carl Theodor ein offenes Ohr, als sich der Fabrikant in der Folgezeit mit dem Gesuch an ihn wandte, eine Porzellanfabrik einzurichten, da es Derartiges in der Kurpfalz noch nicht gebe. Carl Theodor ging es nicht nur ums Prestige – jeder Fürst wollte seinerzeit sein eigenes Porzellan haben. Vielmehr war seine Absicht, das heimische Gewerbe zu fördern, denn das Geld sollte »im Lande« gehalten werden. Hier zeigte sich der Geist des fürstlichen Merkantilismus, der auf Marktbeherrschung und positive Handelsbilanzen setzte, speziell für Luxuswaren, und dafür investierte. Durch ein Privileg vom 26. Mai 1755 ermöglichte der Kurfürst die Gründung einer Porzellanmanufaktur. Damit sicherte sich Hannong zugleich den Zugriff auf die zur Porzellanherstellung geeigneten Erden der Region. Als Produktionsort diente ihm die kurfürstliche Dragonerkaserne in Frankenthal. Bereits im Sommer 1755 konnte er die ersten Porzellane vorlegen, die aufgrund ihrer herausragenden Qualität den Herrscher überzeugten. Die Erfolgsgeschichte der Manufaktur gleicht der anderer, zeitgleicher Gründungen: Trotz der hochwertigen Produktion war es von Beginn an bis zum Ende nicht möglich, mit den Porzellanen Gewinne zu erzielen. Nachdem familiär bedingt die Leitung der Manufaktur mehrfach wechselte, musste schließlich aufgrund von Erbstreitigkeiten nach dem Tod Paul Anton Hannongs der Betrieb 1762 weit unter Wert an den Kurfürsten Carl Theodor verkauft werden. Eine Zeit technischer Höchstleistungen brach an, trotz stagnierender Umsätze. 1773 fand sogar eine Porzellanlotterie statt, bei der jeder Käufer für einen verhältnismäßig geringen Einsatz kostbares Porzellan gewinnen konnte. Doch auch dadurch gelang es nicht, den Absatz zu erhöhen. Denn infolge des Ausbruchs der Französischen Revolution kamen neue Schwierigkeiten auf das Unternehmen zu und läuteten schließlich sein Ende ein. Einquartierungen, Belastungen durch Kriegsbeisteuer, Beschlagnahmung der Manufaktur und anschließender Rückstellung an den Kurfürsten trugen zum endgültigen Niedergang des Betriebs bei. 1794 folgte die Übergabe der Produktionsstätte an die Familie van Recum, ein Jahr darauf wurde sie nochmals kurfürstliche Manufaktur. Am 27. Mai 1800 erging der offizielle Beschluss über die Stilllegung des Frankenthaler Betriebs durch den Kurfürsten Max IV. Joseph von Pfalz-Bayern (1756–1825), die Produktion hatte bereits 1799 eingestellt werden müssen.

Hervorstechend an den in Frankenthal produzierten Werken ist deren Vielfalt: Liebenswerte Figuren als kleinformatige bildhauerische Arbeiten zeigen Göttergestalten, antike Mythen (Abb. S. 64), Menschen in ihrer Berufsausübung oder »kinderleichtes Sein«. Andere thematisieren Naturwissenschaften oder die Heiterkeit unbeschwerten Lebens. Auch kostbare Geschirre mit exquisiter Bemalung (Abb. S. 66, 68), wie etwa das elegante Tee- und Kaffeeservice mit Bataillenszenen, dem dieses Buch gewidmet ist, entstanden in Frankenthal und erlauben bis heute Einblicke in eine vergangene Welt der Lebensführung.

Die Tradition der abgewickelten Manufaktur Frankenthal ging in der von Nymphenburg auf, und Johann Nepomuk van Recum (1753–1801) übernahm einige Formen für seine Steinguterzeugung in Grünstadt. Die Frankenthaler Porzellanmacher traf es nicht als einzige, dass sie ihre Fertigung am Ende des 18. Jahrhunderts aufgeben mussten: Dem Gründungsboom war eine Pleitewelle gefolgt.

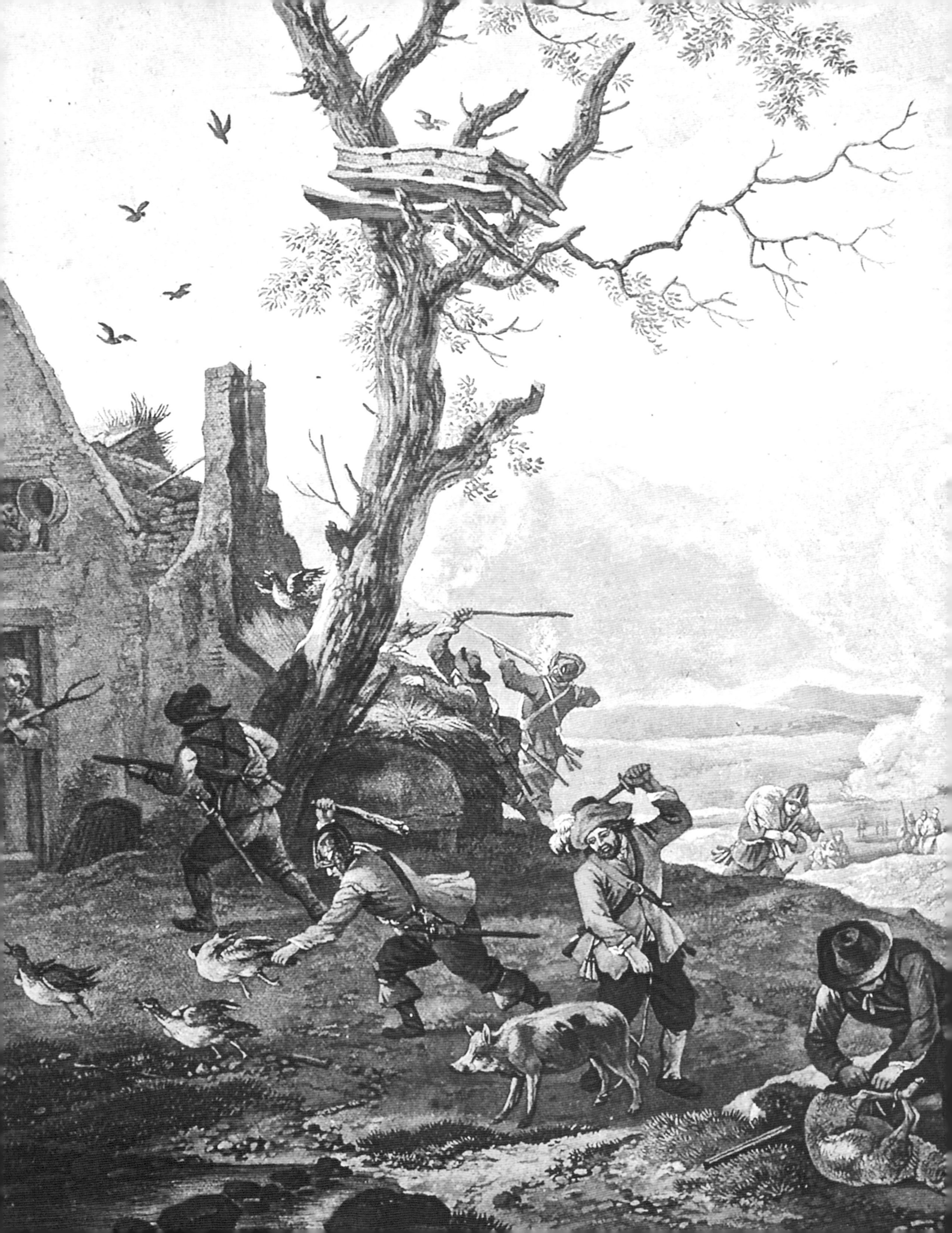

Andreas Krock

DER KRIEG ALS STÄNDIGER BEGLEITER

Gefechtsszenen und Soldatenleben auf Porzellanservicen des 18. Jahrhunderts

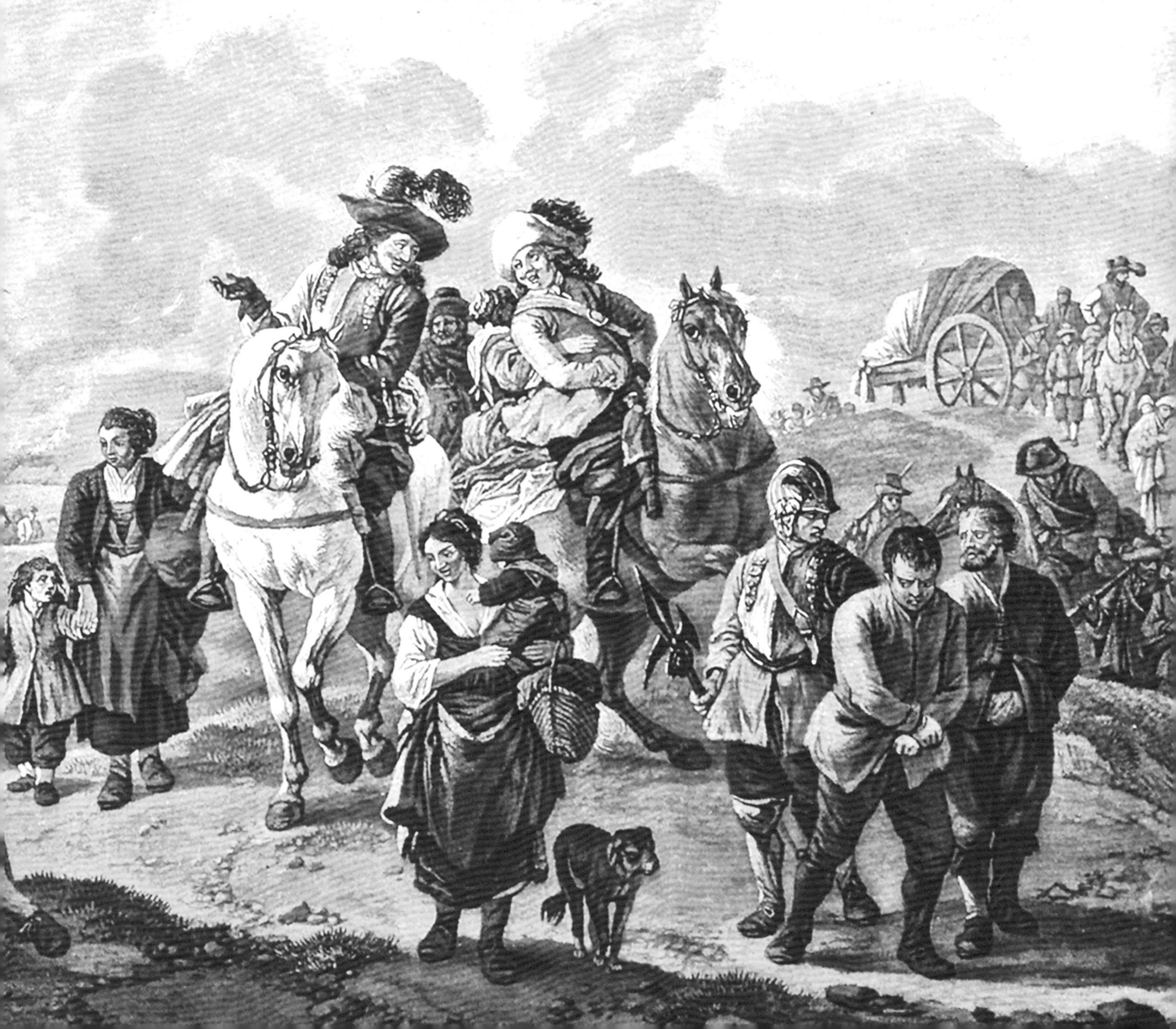

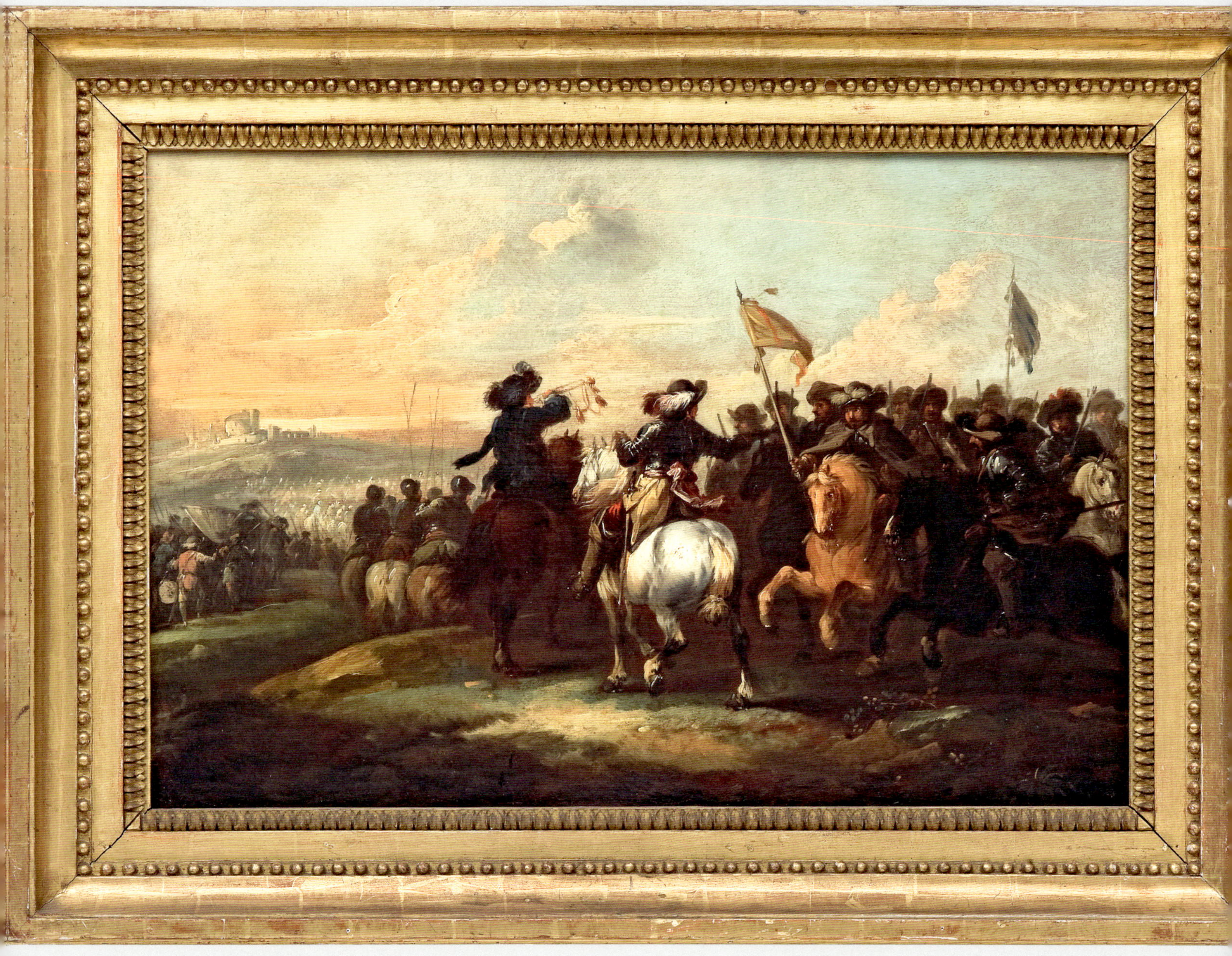

AUFMARSCH EINES HEERES

um 1660, Umkreis Jacques Courtois gen. le Bourguignon (1621–1676), Öl auf Leinwand, Reiss-Engelhorn-Museen (Inv.-Nr. Staat 315)

Porzellan und Schlachtengetümmel – beides würde man nicht unbedingt in Zusammenhang miteinander bringen. Das eine fragil und Ausdruck gehobenen Stils sowie kultivierten Geschmacks; das andere bedrohlich, gewaltsam und damit das Barbarische im Menschen assoziierend. Im Barockzeitalter war dies jedoch keine Seltenheit: Reitergefechte auf Kaffee- bzw. Schokoladenkannen, ein sterbender Krieger auf einer Zuckerdose oder einzelne Soldatenszenen auf Teetassen. Wie passte so etwas zusammen, fragt man sich, was selbst angesichts heutiger Bilderfluten und Unmengen an Darstellungsmöglichkeiten befremdlich erscheint. Dazu muss man etwas weiter ausholen und sich eine Epoche, geprägt von politischen Auseinandersetzungen sowie langanhaltenden Kriegen, vergegenwärtigen. Vom 17. bis ins späte 18. Jahrhundert wird die Kriegsführung zum beherrschenden Thema und die Schlachtendarstellung erlebt als eigener Topos ihren künstlerischen Höhepunkt.

Bereits im 15. Jahrhundert schwärmte Leonardo da Vinci (1452–1519) in seinem Traktat über die Malerei und entsprechenden Anleitungen für den Künstler von der Möglichkeit atmosphärischer Verdichtung, die die Darstellung des Kampfes bietet; die Wiedergabe von Dampf und Staub sowie von Licht und Luft: »Vor allen Dingen machst du den Rauch der Geschütze, der sich in der Luft mit dem Staub vermischt, den die Pferde der Kämpfenden aufwirbeln. [...] Machst du Pferde, die außerhalb des Gewühls rennen, so mache kleine Staubwölkchen hinter ihnen her, eins vom anderen immer so weit entfernt, als ein Pferdesprung beträgt, [...]« usw. Detailliert beschreibt der Meister hier die Darstellungsart eines Kampfgeschehens, wenn er den Krieg auch nicht direkt befürwortete. Vielmehr bezeichnete er ihn als »pazzia bestialissima«/ bestialischen Irrsinn und stand dessen teilweise verheerenden Auswirkungen keineswegs gleichgültig gegenüber. Bei der Wiedergabe ging es ihm vielmehr darum, das Geschehen und das damit verbundene Leid so authentisch wie möglich darzustellen. Ein eindrucksvolles Beispiel hierfür soll das monumentale Wandgemälde seiner *Anghiarischlacht* für den Palazzo Vecchio in Florenz gewesen sein, das später von Vasari übermalt wurde. In verschiedenen Museen haben sich noch vereinzelt Studien erhalten, die eine annähernde Vorstellung davon vermitteln können.

Das Kampfgeschehen bot dem Künstler insofern Anlass und Vorwand zugleich, eine faszinierende Komposition aus Licht und Schatten, Farbe und Form zu schaffen, wie es da Vinci in seinem Traktat gefordert hatte. Daraus ergaben sich z. T. künstlerische Meisterleistungen, wie sie heute in renommierten Galerien zu sehen sind und den Künstlern vielfach zugleich als Sprungbrett für ihre Karriere dienten.

Die Vielzahl militärischer Auseinandersetzungen wie der Dreißigjährige Krieg, die Eroberungskriege Ludwigs XIV., Türkenkriege oder der Spanische Erbfolgekrieg hatten letztendlich eine ebenso große Anzahl an entsprechenden Bildmotiven zur Folge. Die Ausbreitung der Kriege auf immer mehr Länder führte zu einem zunehmenden Interesse am Bildtypus des Schlachtengemäldes. Einer der wohl bedeutendsten barocken Vertreter dieses Metiers war Jacques Courtois (1621–1676). Das Hauptaugenmerk bei seinen Gefechtsbildern galt vor allem der Wiedergabe von Bewegung und Lichteffekten z. B. unter Einbeziehung von Staub und Pulverdampf. Dies trifft besonders auf seine dekorativ erscheinenden Schlachtenstücke zu, bei denen der Genrecharakter deutlich überwiegt. Daneben hat er aber auch großformatige, historische Schlachtengemälde geschaffen, die auf ein konkretes Ereignis Bezug nehmen und sich durch ein Getümmel an kleinteilig dargestellten Figuren auszeichnen. Diesen großformatigen Werken fehlt jedoch meistens der dramatische Schwerpunkt. Außerdem besitzen sie nicht die malerische Intensität seiner genreartigen Gefechtsszenen, bei denen vor allem die künstlerische Umsetzung und ästhetische Wirkung im Vordergrund stehen.

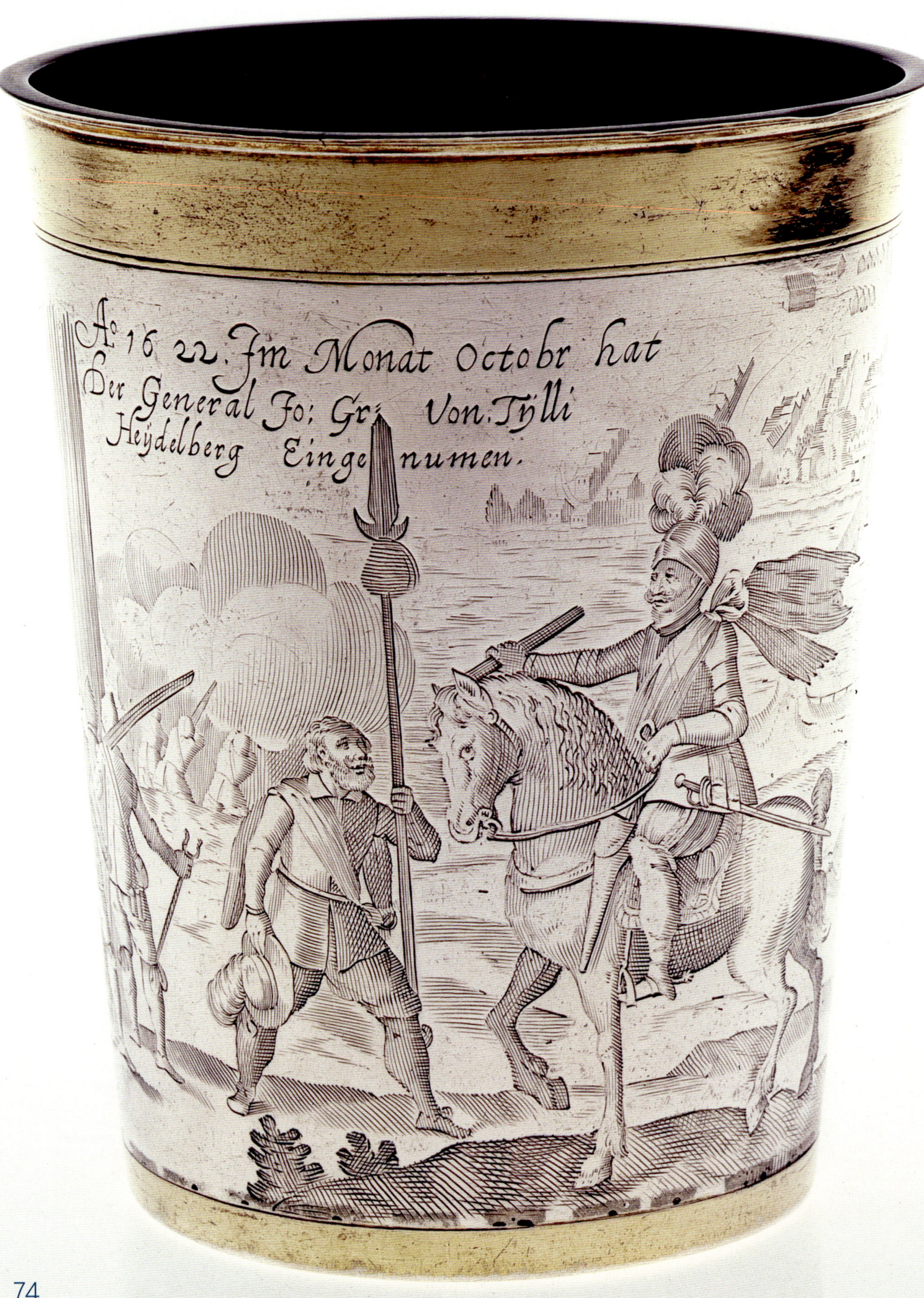
Aº 16 22. Jm Monat Octobr hat
Der General Jo: Gr: Von. Tylli
Heydelberg Einge numen.

Als Beispiel dafür kann das Gemälde *Aufmarsch eines Heeres* (Abb. S. 72), um 1660, in den Reiss-Engelhorn-Museen gelten, das Courtois zugeschrieben wird oder zumindest seinem Umkreis zuzurechnen ist. Bei diesem Bild steigerte der Künstler die Dramatik der Handlung durch die Verdichtung der Figuren, wobei er einzelne Personen durch entsprechenden Lichteinfall akzentuierte und sie zugleich farblich aus der Masse hervorhob. Hier sind es drei Personen auf der Anhöhe in der Mitte des Bildes, der Befehlshaber, der Fahnenträger sowie der Trompeter, der zum Angriff bläst. Die dunkle Soldatenmeute im Vordergrund hebt sich vom ockerfarbenen bis schwach bläulichen sowie rötlich durchwölkten Himmel im Hintergrund ab, aus dem das gegnerische Heer von der Ebene aus nach vorne drängt. Mit geschickten Kunstgriffen gelang es dem Maler hier auf kleiner Fläche, Dramatik zu erzeugen, während der dunstige Himmel tatsächlich an Pulverdampf und Pferdestaub in der Luft denken lässt. Der Pinselduktus ist dabei flüchtig und schon fast »impressionistisch« zu nennen.

Der als Schlachtenmaler vor allem auch für die Medici in Italien tätige Jacques Courtois kannte den Krieg aus eigenem Erleben. Bereits als 15-Jähriger ließ sich der Franzose in Mailand vom spanischen Heer als Soldat anwerben. Während dieser Zeit entstanden Skizzen und Zeichnungen des unmittelbaren Geschehens, die ihm im Nachhinein als gestalterische Grundlage für seine Gemälde dienten. Das Kampfgeschehen steht dabei im Mittelpunkt, während die umgebende Landschaft hauptsächlich als äußerer Rahmen und daher wenig differenziert erscheint. Demnach kam es ihm weniger auf eine genauere topographische Verortung des Kriegsgeschehens an, was dem genreartigen Schlachtentypus entspricht. Aufgrund seiner Spezialisierung als Schlachtenmaler und seiner Herkunft aus der Freigrafschaft Burgund nannten ihn die Italiener auch Giacomo Cortese Borgognone delle Battaglie. Die Schlacht wurde somit sogar zu einem Namenszusatz. Seine Entwicklung vom Kriegssöldner zum Ordensnovizen vollzog Courtois Ende der 50er Jahre, als er die Soldatenuniform gegen die Mönchskutte eintauschte und in das Kloster San Andrea al Quirinale in Rom eintrat. Doch selbst hier war es ihm gestattet, neben religiösen Motiven auch weiterhin Schlachten zu malen, da die Nachfrage entsprechend groß war. Das Kloster kam auf diese Weise zu regelmäßigen Einnahmen und sogar zu gewissem Reichtum.

Der Krieg im Barockzeitalter war allgegenwärtig und betraf die gesamte Bevölkerung. Er nahm Einfluss auf fast alle Bereiche des Lebens und damit ebenso auf die Kunst, die Literatur sowie die Musik. Ab 1633 gab der weithin bekannte Kupferstecher und Verleger Matthäus Merian (1593–1650) das sogenannte *Theatrum Europaeum* heraus, das mit einer Vielzahl seiner eigenen Illustrationen dazu beitrug, die europäische Zeit- und Kriegsgeschichte seit 1617 in Text und Bild festzuhalten. Diese in 21 Bänden erschienene Chronik der damaligen Verhältnisse in Europa wurde noch durch die Nachfahren Merians bis zum Jahr 1738 fortgeführt. Sie umfasste z. B. Ereignisse des Dreißigjährigen Krieges wie den Prager Fenstersturz 1618 oder die Darstellung der Schlacht am Weißen Berg bei Prag zwei Jahre später.

Merians lothringischer Zeitgenosse Jacques Callot (1592–1635) stach unterdessen in *Les misères et les mal-heures de la guerre* Szenen des Soldatenalltags sowie Gräueltaten an der Zivilbevölkerung durch Plünderung,

BECHER MIT DARSTELLUNG DES GENERALS GRAF VON TILLY NACH DER EINNAHME VON HEIDELBERG IM OKTOBER 1622

Mitte 17. Jahrhundert, Silber, Gold,
Reiss-Engelhorn-Museen (Inv.-Nr. RMM LBW 1989/15a)

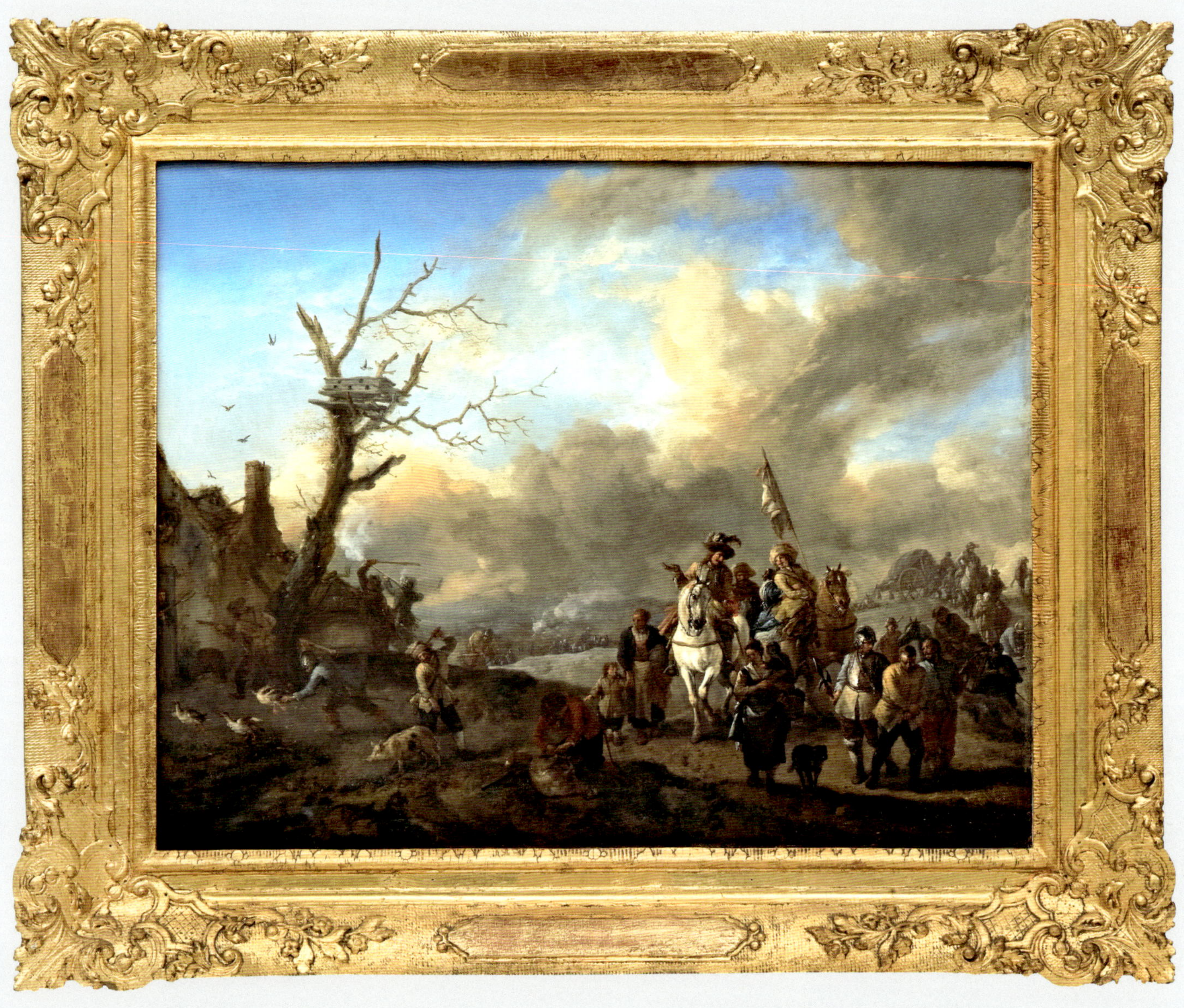

PLÜNDERUNG EINES DORFES
um 1650, Philips Wouwerman (1619–1668),
Öl auf Eichenholz, Reiss-Engelhorn-Museen
(Inv.-Nr. Staat 199)

Vergewaltigung und Zerstörung auf anschauliche wie drastische Art. Daneben war es auch schon möglich, sich in einer seit 1605 in Straßburg erstmals erscheinenden Zeitung einmal wöchentlich über die neuesten Geschehnisse zu informieren. Insofern erreichten Berichte über Kriegsereignisse schon im Dreißigjährigen Krieg ein ungewohntes Ausmaß. Darunter fallen gewissermaßen auch die literarischen Schilderungen von Hans Jakob Christoffel von Grimmelshausen (um 1622–1676) in seinem Roman *Simplicius Simplicissimus* (1669), da sie zum großen Teil auf persönlichen Kriegserfahrungen des Autors beruhen. In der Öffentlichkeit wurden all diese gedruckten Text- und Bildmedien aufmerksam verfolgt.

Aufgrund der damaligen Kriegsaktualität dürfte es nicht mehr ganz so verwunderlich sein, dass Schlachtenmotive auch auf kunsthandwerklichen Erzeugnissen Verwendung fanden. Ein Beispiel dafür sind vier teilweise vergoldete Silberbecher von 1622, die sich in den Reiss-Engelhorn-Museen befinden (Abb. S. 74). Sie zeigen Gravuren mit Szenen aus dem Dreißigjährigen Krieg, bei denen das Kriegsglück zwischen den Gegnern jeweils wechselte. Vor der Erfindung des europäischen Porzellans veranschaulichen sie, inwiefern Kriegsszenen zur Illustration auch schon auf Silbergefäßen dienten. Oft stützten sich die Gold- und Silberschmiede bzw. späteren Porzellanmaler dabei vor allem auf Vorlagen in der Druckgraphik, die sie für ihre Zwecke entsprechend adaptierten. In selteneren Fällen gehen sie auf deren eigene Bilderfindungen zurück. Druckgraphische Blätter dienten als Träger von Kriegspropaganda, indem sie die Geschehnisse anschaulich und einprägsam vermittelten und waren dementsprechend stark in Umlauf. Es dauerte nicht lange, bis entsprechende Motive auch auf Silbergeschirr oder Porzellanservicen auftauchten, wobei es sich nicht selten auch um Auftragsarbeiten handelte.

Das Militärgenre lieferte besonders viele Vorlagen aus Malerei und Druckgraphik, die die Kunsthandwerker gerne aufgriffen. Der Schwerpunkt z. B. bei der Porzellanmalerei lag auf der Darstellung von Einzelszenen, was auch dem nur begrenzt zur Verfügung stehenden Platz auf den Geschirrformen geschuldet war. Wie bei dem Bataillenservice wurden als Motive unterschiedliche Aspekte des Soldatenlebens anekdotisch in Form erzählender Bilder aufgegriffen. Ihr besonderer Reiz geht dabei von der detaillierten Gestaltungsweise aus: auf der Teebüchse beispielsweise ein wachhabender Militärposten vor dem Marketenderzelt im Soldatenlager (Abb. S. 14), auf der Teekanne die Darstellung von Soldaten beim Anfachen eines Feuers (Abb. S. 88), auf der Kumme und dem Deckel der Zuckerdose erneut Marketenderzelte und Lagerleben als Motive (Abb. S. 16/17) bzw. ein davon pirschender Reiter. Selbst das Satteln eines Pferdes erscheint wichtig genug, um es als Motiv auf einer der hohen Tassen festzuhalten.

Aber auch einzelne Kampfszenen können im Mittelpunkt stehen, wie bei der Malerei auf der Kaffee- und Milchkanne (Abb. S. 10) bzw. einzelner Teller und Tassen. Hier liegt das besondere Augenmerk auf der Dramatik des unmittelbaren Kampfgeschehens, ähnlich wie bei da Vincis eingangs erwähnter *Anghiarischlacht* und dem *Aufmarsch eines Heeres* von Jacques Courtois: das direkte Aufeinandertreffen feindlicher Truppen, die gegeneinander gerichteten Waffen sowie die sich daraus ergebenden unterschiedlichen Bewegungen wie das Aufbäumen von Pferden. Im Vordergrund der idealtypischen Kriegsszenen auf dem hier besprochenen Frankenthaler Service standen das Militärgenre an sich sowie die künstlerische Bewältigung und nicht das Interesse an der topographisch genauen Wiedergabe eines Kriegsschauplatzes. Dabei hatte der Porzellanmaler Christian Heinrich Winterstein den Kenner, der Soldatenmotive schätzte, ebenso im Blick wie den militärischen Laien, der sich hauptsächlich an der Art der Malerei erfreute.

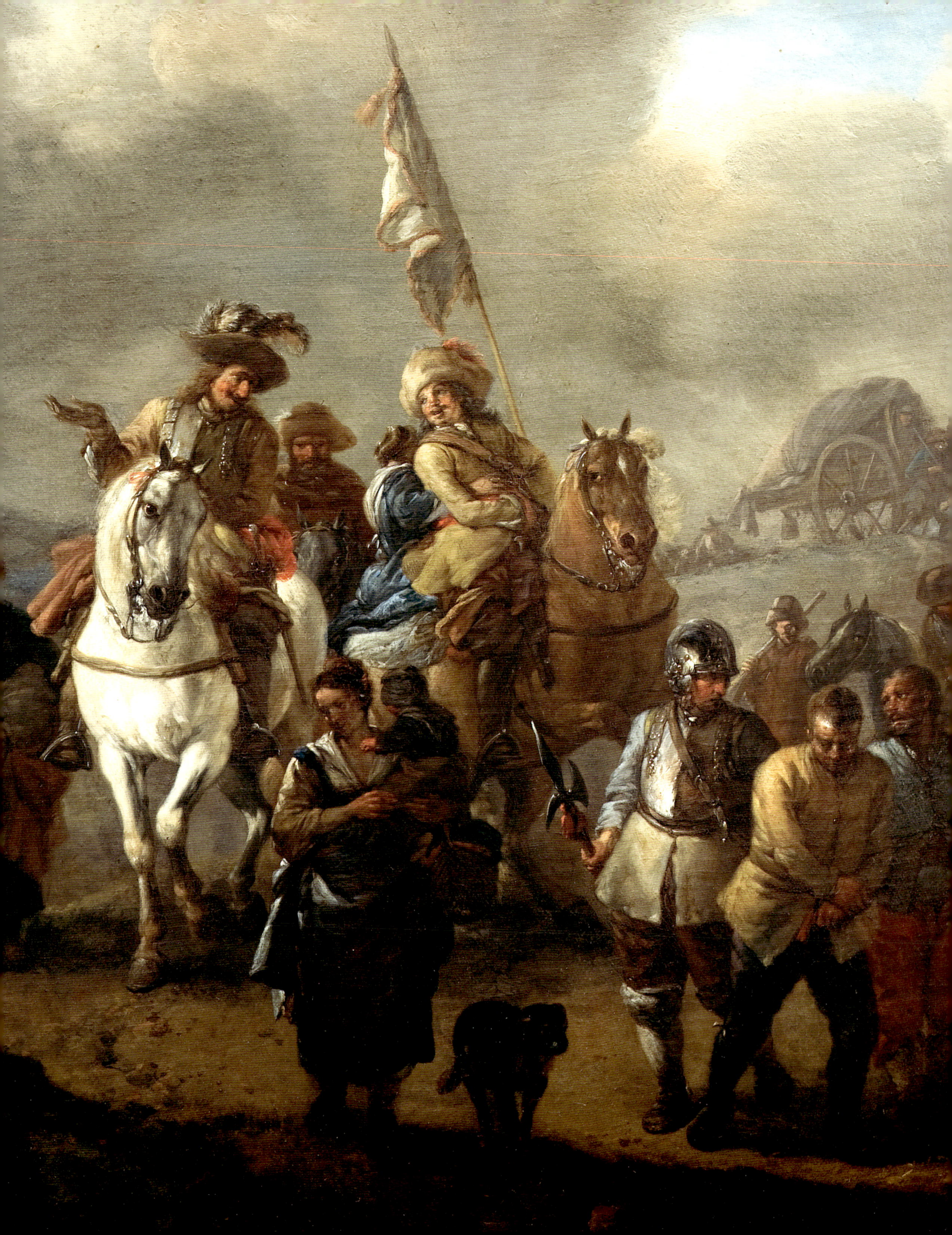

Einige Schlachtenmaler und Kupferstecher boten sich als künstlerische Vorbilder besonders an. Für Deutschland sei hier zunächst der Maler und Kupferstecher Georg Philipp Rugendas (1666–1742) stellvertretend erwähnt. In Italien galten die Radierungen Stefano della Bellas (1610–1664) sowie insbesondere die Werke des auch als Dichter und Schauspieler tätigen Salvator Rosa (1615–1673) als nachahmenswert. Dessen literarische Phantasien schienen sich ebenso in seinen dekorativen Idealschlachten niederzuschlagen. Bei ihm zeichnet sich das Kampfgetümmel maßgeblich durch das farbige Gegeneinander antikischer Rüstungen, orientalischer Gewänder und der sie umgebenden Landschaft aus. Als Vertreter der nördlichen Niederlande sei hier vor allem Philips Wouwerman (1619–1668) genannt. Wouwerman ist als Person insofern interessant, da auch er zwischen 1642 und 1655, wie der bereits erwähnte Courtois, in militärischen Diensten gestanden haben soll. Außerdem galt er als hervorragender Pferdemaler, weshalb er Pferde und Reiter in den unterschiedlichsten Haltungen und Bewegungen immer wieder in seine Darstellungen einbezog. Bei ihm beschränkt sich das Kriegsgeschehen überwiegend auf anekdotische Bilder wie die Plünderung von Häusern, Überfälle auf die Zivilbevölkerung oder die Zerstörungen des Krieges im Allgemeinen. Dabei setzt sich die Gesamtkomposition letztendlich aus mehreren dieser Einzelszenen zusammen. Ein Beispiel hierfür ist das um 1650 entstandene Gemälde *Plünderung eines Dorfes* in den Reiss-Engelhorn-Museen (Abb. S. 76, 78). Wilhelm von Kobell (1766–1853) schuf 1798 eine Aquatintaradierung danach (Abb. S. 80), wie er überhaupt einige Werke von Philips Wouwerman in diese Drucktechnik übertrug. Aufgrund seines feinen Kolorits erfreute sich Wouwerman besonders noch bei den Künstlern des späten 18. Jahrhunderts großer Beliebtheit. Selbst seinen Kriegsschauplätzen verlieh er dadurch bei gleichzeitig silbrig-bläulichem Lichteinfall eine betont elegante Note. Gewissermaßen als »fashion painter« seiner Zeit war er besonders in den führenden Sammlungen der europäischen Herrscher vertreten.

PLÜNDERUNG EINES DORFES

um 1650, Philips Wouwerman (1619–1668), Detailaufnahme, Öl auf Eichenholz, Reiss-Engelhorn-Museen (Inv.-Nr. Staat 199)

Auch damit mag zusammenhängen, dass Christian Heinrich Winterstein, der Schöpfer der Bataillenmalereien auf dem ab 1765/66 entstandenen Frankenthaler Kaffee- und Teeservice, indirekt auf die Malerei des populären Wouwerman Bezug nahm. Wie inzwischen nachgewiesen werden konnte, verwendete er als prominente Vorlage für seine Darstellung des Reitergefechts auf der Kaffeekanne einen Reproduktionsstich von Jean Moyreau nach einem Gemälde Wouwermans (vgl. Aufsatz Beaucamp). Bei dem Bildmotiv der Milchkanne griff er mit August Querfurt dagegen auf einen damaligen deutschstämmigen Schlachtenmaler zurück (vgl. Aufsatz Beaucamp), dessen Arbeiten in Kolorit und Verdichtung der Kampfszenen durchaus an Jacques Courtois als Vorbild angelehnt sind. Seine *Belagerung von Olmütz* wurde von dem französischen Stecher Jacques-Firmin Beauvarlet reproduziert und damit einem breiten Publikum erst zugänglich gemacht.

Der Lehrer Querfurts war allerdings Georg Philipp Rugendas d. Ä., an den auch viele der anderen Einzeldarstellungen auf dem Service erinnern und durch dessen Motivschatz angeregt worden sein könnten. Rugendas war der Begründer einer Augsburger Künstlerfamilie von Malern, Kupferstechern und Verlegern, in deren Werk gerade das »genre militaire« eine besondere Rolle spielt. Auslösendes Moment bei Rugendas d. Ä. waren wohl seine Eindrücke während der Belagerung Augsburgs durch

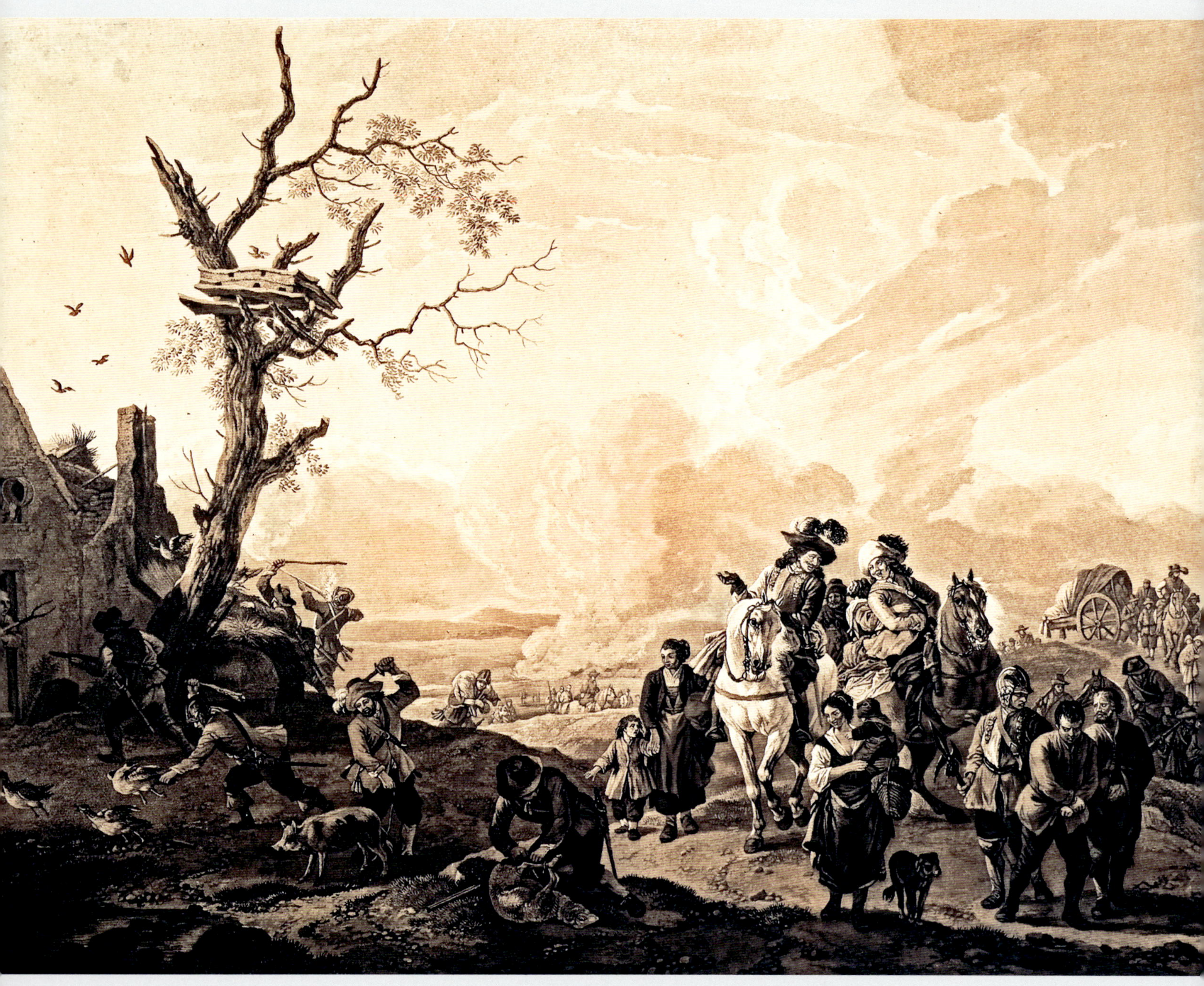

LE PASSAGE D'UN CORPS DES TROUPES PRÈS D'UN VILLAGE

1798, Wilhelm von Kobell (1766–1853),
Aquatintaradierung,
Reiss-Engelhorn-Museen (Inv.-Nr. G Kd 1208, m)

bayerische und französische Truppen im Spanischen Erbfolgekrieg 1703/04. Fortan ist vor allem sein graphisches Werk durchzogen von einer Vielzahl von Kriegs- und Soldatendarstellungen, die sich oft auf keinen konkreten Anlass beziehen. Vielmehr handelt es sich um relativ allgemein gehaltene Szenen, wobei die Soldaten zwar zeitgenössische Uniformen tragen, aber nicht unbedingt Rückschlüsse auf die jeweilige Nationalität zulassen. Seine Darstellungen scheinen dem barocken Verständnis nach vermitteln zu wollen, dass der Krieg überall zuhause ist und generell zum Leben gehört. Besonders die nicht allzu großen Kupferstiche und Radierungen von Rugendas mit ihrer Konzentration auf eine kleine Anzahl von Personen bewährten sich dementsprechend als Vorlagen auch im Kunsthandwerk. So existieren von der Frankenthaler Manufaktur bemerkenswerte Beispiele dafür von dem dort tätigen Porzellanmaler Bernhard Magnus (um 1745–1798), der mit Winterstein seit ihrer gemeinsamen Ausbildung in Höchst und ihrer Tätigkeit in Frankenthal befreundet war. Bei der Umsetzung von Motiven aus der Druckgraphik in die Porzellanmalerei dürften beide auf die in Manufakturen häufig zur Verfügung stehenden Stichvorlagen zurückgegriffen haben. Dies war ein durchaus gängiges Verfahren, da Copyright und Urheberschutzrechte noch nicht existierten.

Rugendas d. Ä. hatte sich durch seine Konzentration auf Militärszenen ein breites Publikum und einen großen Bekanntheitsgrad erworben. Dabei nutzte ihm seine eigene verlegerische Tätigkeit und die seiner Söhne sowie die Zusammenarbeit mit dem Augsburger Jeremias Wolff (1663–1724), selbst Kupferstecher und einer der bedeutendsten Verleger seiner Zeit. Außerdem fand Rugendas d. Ä. aufgrund seiner technischen Versiertheit auch unter den damaligen Fürsten höchste Anerkennung und entsprechend prominente Sammler. Auch im Kupferstichkabinett Kurfürst Carl Theodors dürften sich folglich Arbeiten der Künstlerfamilie Rugendas befunden haben, wie Kupferstiche seines Sohnes Jeremias Gottlob Rugendas (1710–1772), auch nach Gemälden am kurpfälzischen Hof, nahelegen. Umgekehrt bewahren die Graphischen Sammlungen der Reiss-Engelhorn-Museen zwei frühe Federzeichnungen von Ferdinand Kobell (1740–1799) aus dem Jahr 1757 auf (Abb. S. 82). Sie sind nach Zeichnungen von Rugendas d. Ä. entstanden. Bei beiden handelt es sich um Reiterszenen mit Soldaten. Die Vorlagen dafür dürften Kobell während seiner künstlerischen Ausbildung an der Mannheimer Zeichnungsakademie zur Verfügung gestanden haben, wozu ebenso das Studium von Zeichnungen und Gemälden der kurfürstlichen Galerie im Mannheimer Schloss gehörte. Durch die Verlegung des Hofes nach München und den Umzug der Kunstsammlungen dorthin befinden sich von Rugendas heute keine Werke mehr in Mannheim.

Mit Sicherheit war das künstlerische Repertoire von Rugendas d. Ä., ebenso wie die Vorlagen zur Malerei auf Kaffee- und Milchkanne, auch dem Schöpfer der Porzellanmalereien auf dem Frankenthaler Bataillenservice bekannt gewesen. Christian Heinrich Winterstein (seit 1762 an der Manufaktur in Frankenthal, gest. 1795), der nach seiner Ausbildung an der Porzellanmanufaktur Höchst 1762 nach Frankenthal kam, galt bereits als erfahrener Porzellankünstler und hatte sich auf historische sowie mythologische Stoffe spezialisiert. Mit dem thematisch und künstlerisch vergleichbaren Bernhard Magnus gehörte er zu den am längsten in Frankenthal tätigen Porzellanmalern. Ihre dortige Anstellung erfolgte zeitgleich, wobei beiderseitige Konkurrenz nicht ganz ausgeblieben sein dürfte. Es wäre daher denkbar, dass Winterstein mit seiner zwar durch Rugendas d. Ä. beeinflussten, ansonsten aber eigenständigen Malerei polychromer Soldatenszenen und der sie umgebenden Landschaft mit diesem Service ein Bravourstück ablieferte, das auch den damals zwanzigjährigen Magnus überzeugt haben musste. Ein Service von Bernhard Magnus, das zwei Jahre später entstanden ist und ebenfalls Schlachtenszenen zum Thema

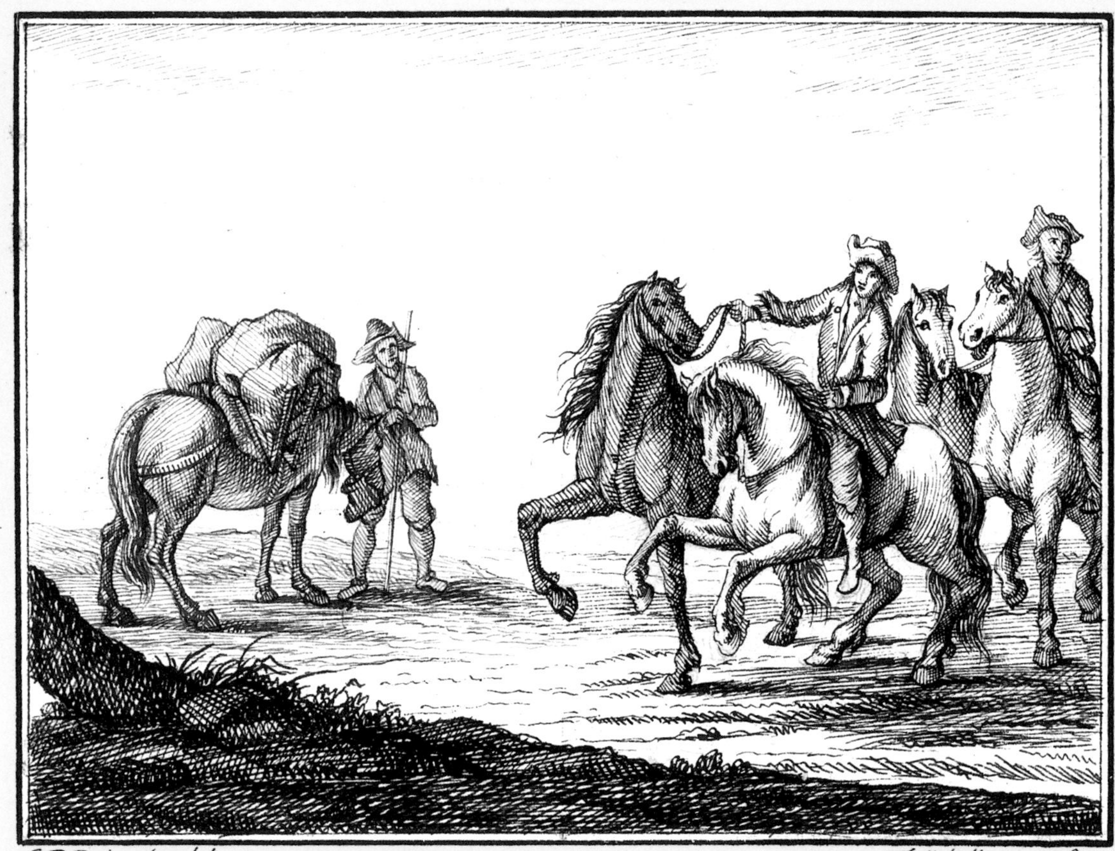
G.P. Rugendas del:
F: Kobell penna fe: 1757.

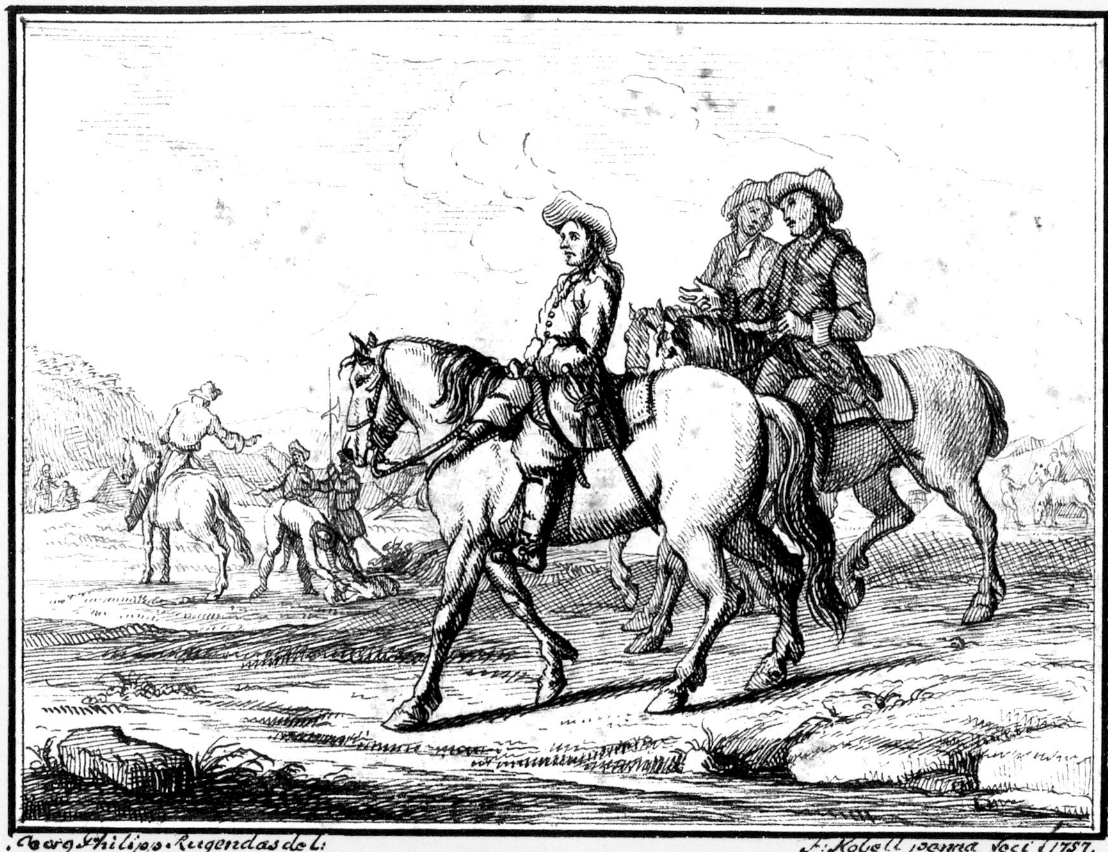
Georg Philipp Rugendas del:
F: Kobell penna feci 1757.

hat, entspricht in seiner Formgebung der des Services von Winterstein. Es zeigt in Purpurcamaieu Reiterschlachten nach Georg Philipp Rugendas d. Ä. in Rocaillekartuschen im Stil von Johann Esaias Nilson (1721–1788) auf seegrünem Fond.

Auch mit Kartuschen bemalt, allerdings regelmäßiger in ihrer Form und auf goldfarbenem Fond, wurde im internationalen Auktionswesen vor kurzem eine Frankenthaler Barbierschale von ca. 1756 zum Rekordpreis versteigert. Sie weist innerhalb der äußeren Kartuschen Ansichten von Mannheim und der umgebenden Rheinauenlandschaft wohl nach druckgraphischen Vorbildern auf. Im 18. Jahrhundert galt die Stadt mit ihrem imposanten Schlossbau und der überragenden Jesuitenkirche am Rhein als städtebauliche Sehenswürdigkeit. Insofern stand in diesem Fall nicht der Krieg im Mittelpunkt, verbunden mit Tod und Sterben, sondern eine erfolgreiche Regierung, symbolisiert durch eindrucksvolle Ansichten der Residenz, ebenso wie durch das kurfürstliche Wappen im Zentrum der Darstellung, das den Kurfürsten selbst als prominenten Auftraggeber verrät. Ähnlich wie sein »CT«-Monogramm unter dem Kurhut auf dem von Traudl Engelhorn gestifteten Service, das ihn als damals stolzen obersten Dienstherrn der Frankenthaler Porzellanmanufaktur ausweist.

DREI SOLDATEN MIT PFERDEN UND SOLDATENTRUPP

um 1757, Ferdinand Kobell (1740–1799), Federzeichnung in Schwarz nach einer Zeichnung von Georg Philipp Rugendas d. Ä. (1666–1742), Reiss-Engelhorn-Museen (Inv.-Nrn. G Kh 964, k / G Kh 996, k)

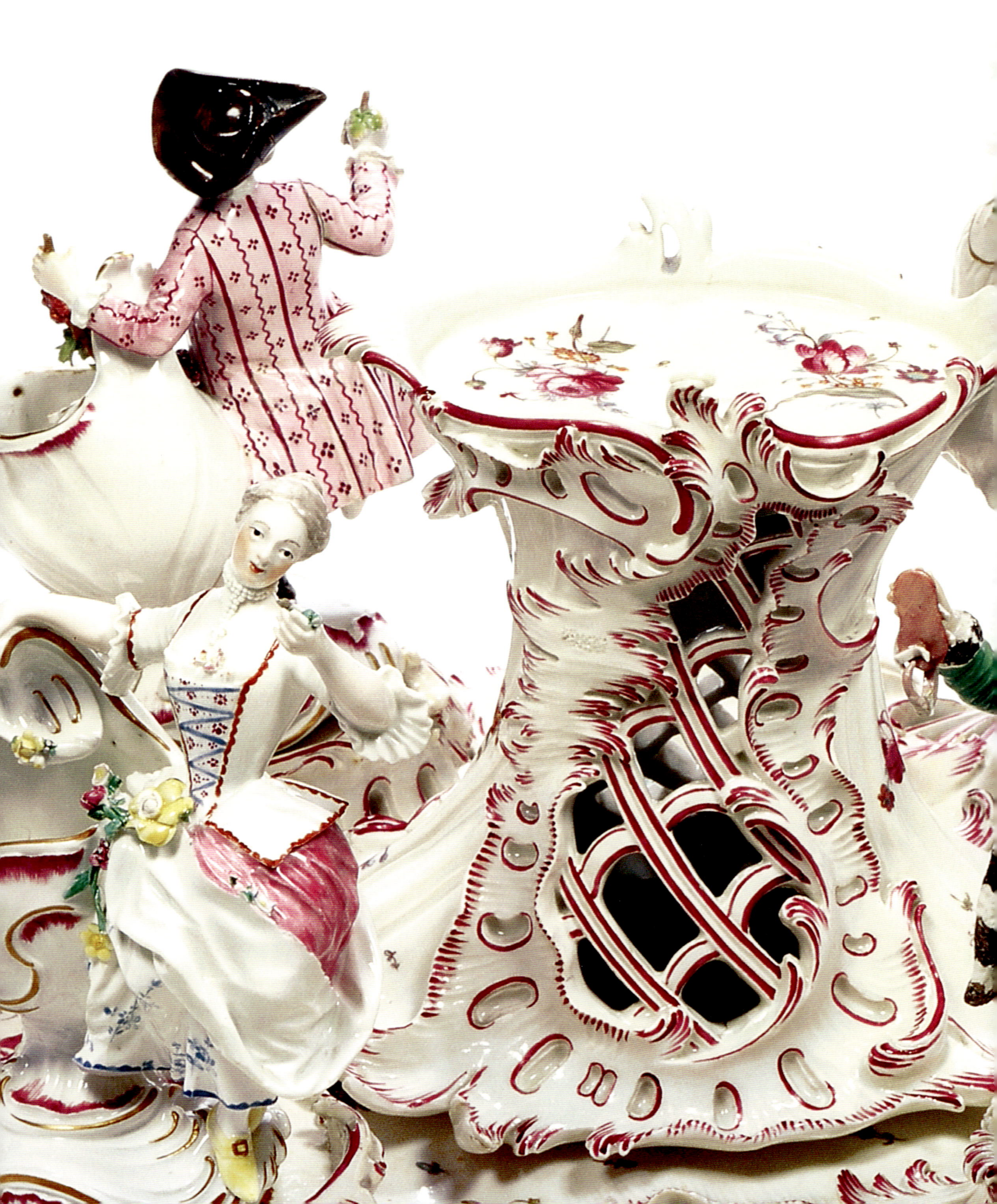

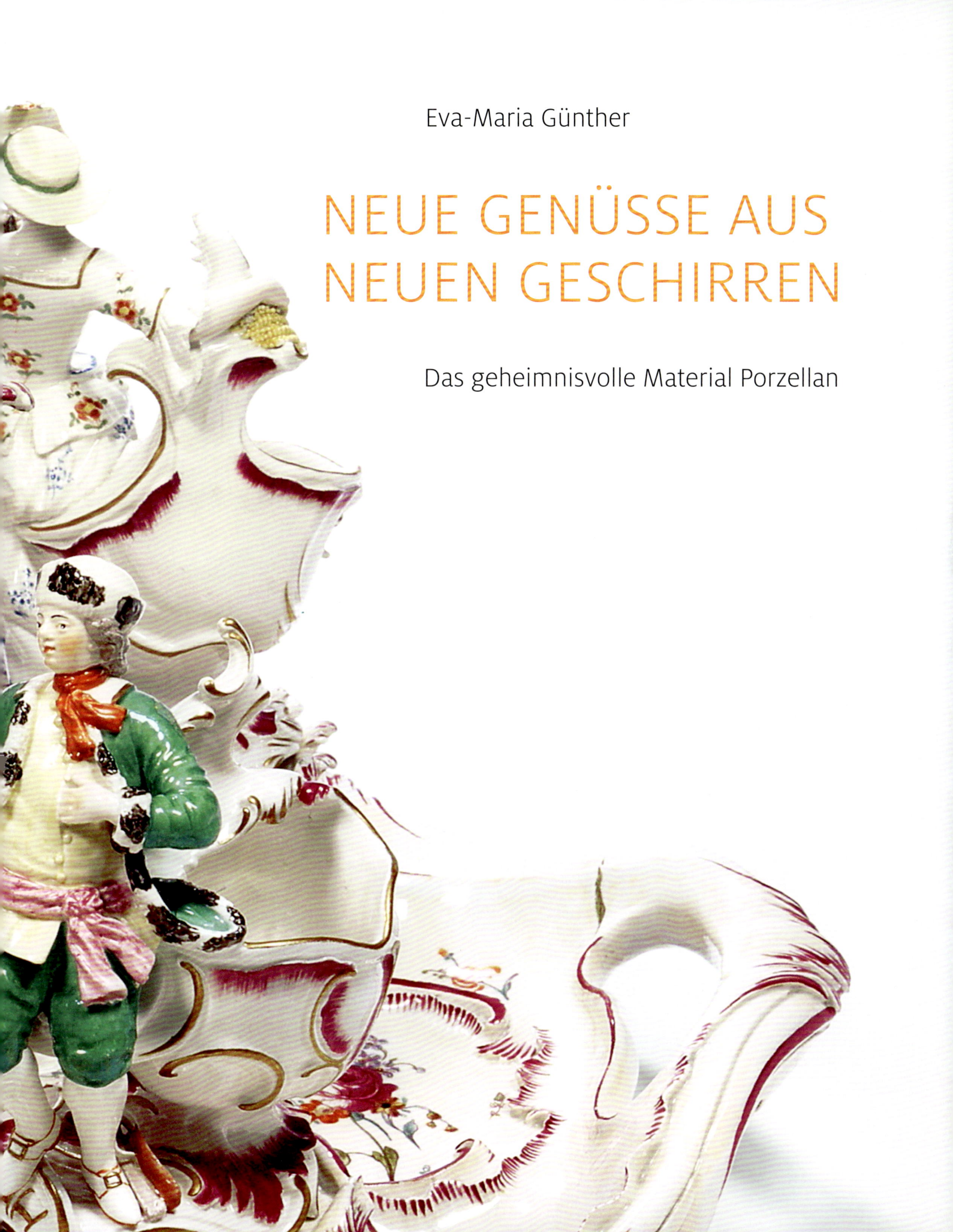

Eva-Maria Günther

NEUE GENÜSSE AUS NEUEN GESCHIRREN

Das geheimnisvolle Material Porzellan

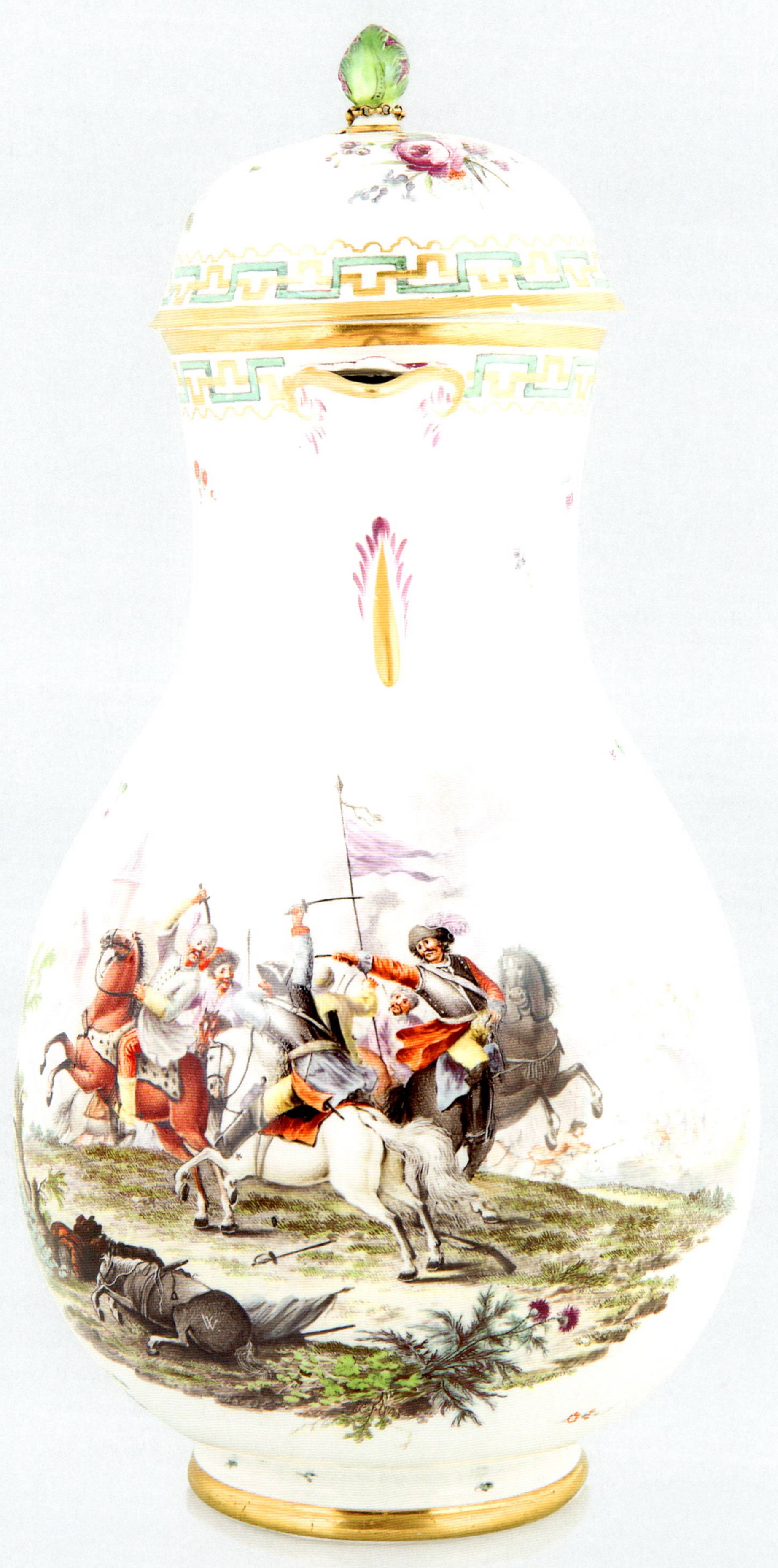

Das geheimnisvolle Material Porzellan war lange nur als kostspielige Importware aus Ostasien erhältlich. Trotz der gelungenen Nacherfindung in Europa und der 1710 in Meißen einsetzenden Produktion blieb es zunächst nur den vornehmsten Kreisen vorbehalten. Es dauerte noch lange, bis daraus gefertigtes Geschirr auf den Tisch des einfachen Bürgers kam. Dieser musste sich statt mit Silber- mit schlichteren Zinngeräten begnügen und statt des Porzellans mit der gewohnten Fayence oder mit irdenen Waren aus regionaler Produktion.

Frühe europäische Porzellane wurden von Anfang an in Formen hergestellt, die den kostbaren China-Importen nachgeahmt waren oder der Hofkunst von Versailles. Besonders die häufig importierte Blau-Weiß-Ware der Ming-Dynastie prägte in Europa die Vorstellung von echtem Porzellan. Formen und Ornamente wurden aus Asien übernommen, ohne dass sich den Europäern deren tieferer Symbolgehalt erschloss. Die Begeisterung für das Exotische blieb meist eine auf rein formale Aspekte beschränkte Modeerscheinung. Der Adel schwelgte in diesen Jahren in Turkomanie und Chinamode, ließ sich türkische Zimmer oder »indianische« Lackkabinette für Porzellan einrichten. Die Porzellanleidenschaft wurde parallel dazu noch durch die Einführung neuer Heißgetränke im 17. Jahrhundert angefacht. Kaffee aus dem Orient, Tee aus China und die Kakaobohne aus Südamerika etablierten sich in Windeseile. Diese Genussmittel bedeuteten für den europäischen Gaumen zunächst eine ungewohnte Geschmackserfahrung. Anfangs ebenso als ungenießbar verteufelt wie als Medizin empfohlen, wurden sie bald als Modegetränke gefeiert und gehörten seit ihrer offiziellen Einführung an den europäischen Höfen zu den Geselligkeiten der Aristokratie. Ihre anregende Wirkung wurde so hochgeschätzt, dass sie nicht nur die allmorgendliche Biersuppe jener Zeit ablösten, sondern rasch ins Zentrum der täglichen Gepflogenheiten rückten.

Es dauerte nicht lange, bis die Verbreitung von Kaffee, Tee und Schokolade die Trinkkultur Europas revolutionierte. Die neuen Genussmittel brachten eigene Geschirrformen hervor, die im Wesentlichen von den spezifischen Zubereitungs- und Trinkgewohnheiten bestimmt waren, aber auch die Getränke den vermeintlichen Ursprungsländern entsprechend inszenierten. Mit dem Kaffee gelangte das Formenvorbild für die Kaffeekanne aus dem arabischen Raum nach Europa. Bei ihr ist die Tülle überwiegend oben angesetzt, damit möglicher Kaffeesatz nicht in die Tasse gelangt (Abb. S. 86). Bei der Teekanne orientierten sich die Manufakturen an chinesischen Porzellanen, da es auch für deren Gestaltung keine einheimischen Modelle gab. Die Tülle dieser Kanne ist tief, meist unten an den Kannenkörper angebracht, um die im unteren Teil der Kanne konzentrierten Farbstoffe und Aromen als Erstes in die Tasse gießen zu können (Abb. S. 88). Die Schokoladenkanne unterscheidet sich von der Kaffeekanne durch ihren seitlichen Griff aus Holz oder Elfenbein und das Loch in der Mitte des Deckels, das Platz für den Griff des Aufschäumers oder Quirls bietet. Der Kakao ließ sich damals nur schaumig aufgerührt trinken. Um die Schaumkrone auch in der Tasse genießen zu können, waren die meist mit zwei seitlichen Henkeln versehenen Kakaotassen hoch und schmal.

Für die exklusiven Getränke wurden besondere und repräsentative Trinkutensilien benötigt. Porzellan empfahl sich hervorragend für diesen Zweck. Bisher gab es überwiegend Gefäße aus Metall, die sich jedoch eher für kalte, aber nicht für heiße Getränke eigneten. Da

KAFFEEKANNE AUS DEM BATAILLENSERVICE

Frankenthal, um 1766,
Reiss-Engelhorn-Museen

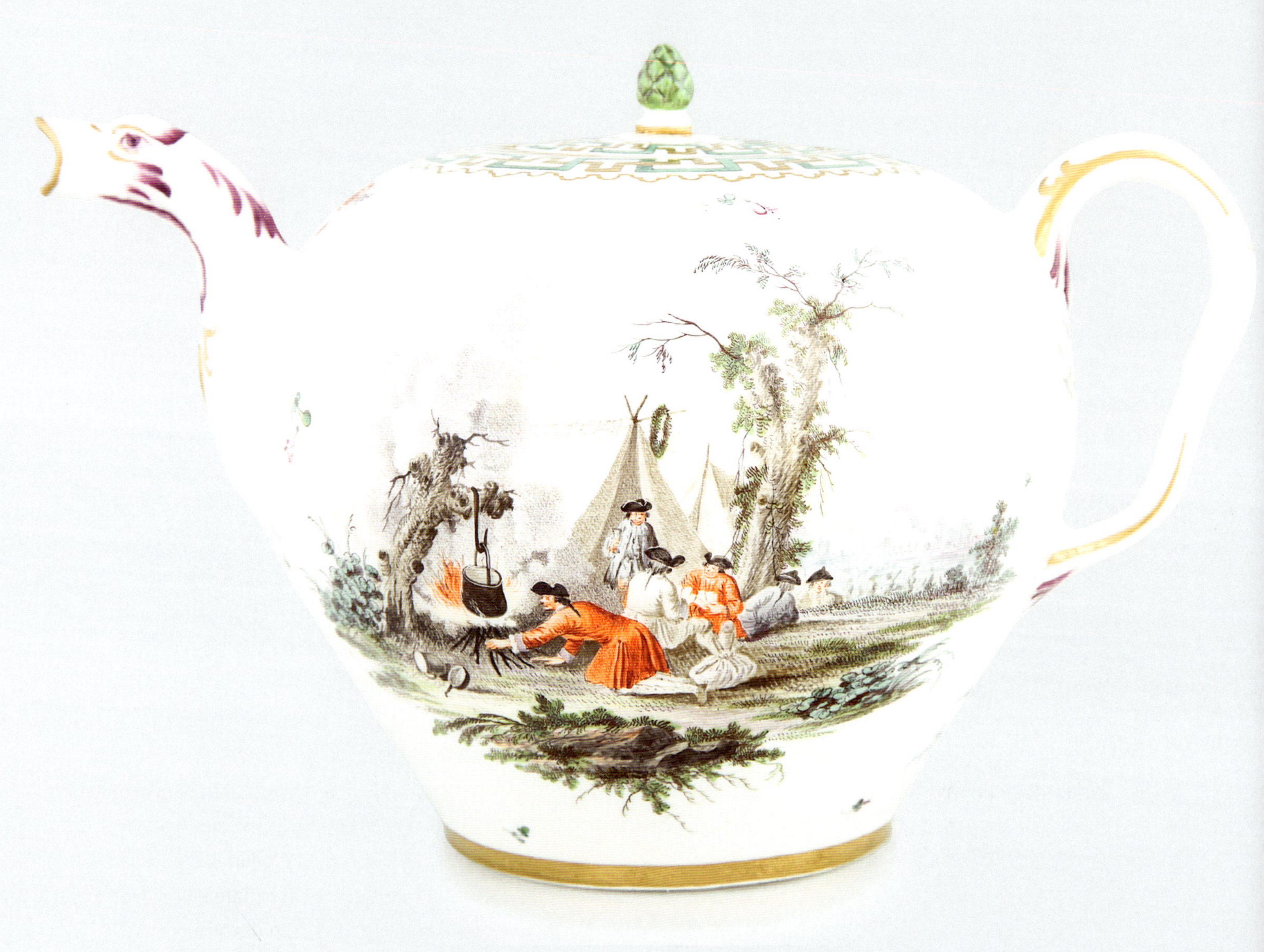

Porzellan ein schlechter Wärmeleiter ist, sind Tassen und Kannen aus eben diesem Werkstoff ideal, um sich nicht die Finger bzw. die Lippen zu verbrühen. Ein weiterer nicht unbeachtlicher Nachteil von Metall war, dass es den Geschmack des Getränks verfälschte. Porzellan hingegen verhält sich neutral, und das Aroma von Kaffee, Tee und Schokolade konnte sich voll entfalten.

Die Formen der Trinkgefäße orientierten sich zunächst an Gefäßen aus den Herkunftsländern der Getränke. Im Osmanischen Reicht trank man in Kaffeehäusern aus »Schüsselein so groß als Salzbuechßlein«, wie Reisende schon lange vor 1700 berichteten. Der Tee wurde in Europa ganz nach orientalischer Sitte zunächst aus kleinen henkellosen Bechern (Koppchen) (Abb. S. 90) genossen, die zum Ausspülen der Teeblätter-Rückstände in einer größeren Schale, der Kumme, geschwenkt wurden. 1713 ist die erste Lieferung von Meißner Ware an den Dresdner Hof dokumentiert, die auch sechs »Teekopgen« und einen Spülnapf umfasste. Die neuen Gefäßformen gehörten fortan zu jedem Kaffee-/Teeservice, wie auch das in diesem Buch vorgestellte Geschirr aus Frankenthal prachtvoll belegt.

War der Kaffee zu heiß, dann war es durchaus üblich, ihn in die Untertasse zu füllen und daraus zu schlürfen – womöglich hätte die davon ausgehende Hitze die empfindliche Schminke der Herrschaften zerfließen lassen. Dass warme Getränke in der Untertasse aufgrund der größeren Oberfläche schneller abkühlen, haben nicht nur die deutschen Kaffeetrinker im Barock zu schätzen gewusst: Entsprechende Sitten werden etwa auch aus Skandinavien oder Asien berichtet. Erst im ausgehenden 18. Jahrhundert galt das Trinken aus der Untertasse als unappetitlich und tölpelhaft, und die Getränke wurden direkt aus der Tasse genossen. Damit man sich an den heißen Kaffeetassen und Teeschalen nicht die Finger verbrannte, erhielten sie Henkel – die es in den Ursprungsländern der Getränke nicht gab.

Nicht nur Tassen, sondern auch immer mehr Zubehör wurde für den Tisch entwickelt. Zur Zuckerdose gesellte sich die Zuckerzange. Der Tee wurde in einer Teebüchse aufbewahrt (Abb. S. 94).

Das Porzellan hatte seinen großen Auftritt in der gehobenen Gesellschaft des 18. Jahrhunderts. Die Festkultur einer Residenz jener Zeit manifestierte sich unter anderem in komplexen Hofzeremoniellen, in Schauspiel, Oper, Ballett, Konzert, Bällen und nicht zuletzt in geradezu ausufernden Speisetafeln, die schlichtweg überwältigen sollten. Repräsentative Festbankette, bei denen sich der Herrscher dem Hofstaat, Gästen wie Untertanen zur Schau stellte, hatten den Rang eines Staatsakts: Der Standort der Tafel, die Sitzordnung, das Auftragen der Speisefolge bis zum Material und der Platzierung der auf dem Tisch zum Einsatz kommenden Geschirre waren detailgenau festgelegt. Edles Geschirr und zierlicher Figurenschmuck wurden geschmackvoll in Szene gesetzt und waren Ausdruck einer verfeinerten Tafelkultur. Der Aufwand und die Zeremonien dienten der Visualisierung von Macht, Würde und Bedeutung. Julius Bernhard von Rohr schrieb 1733 in seiner Einleitung zur *Ceremoniel-Wissenschafft Der großen Herren*: »Heutiges Tages werden bey grossen Solennitäten auf die Fürstlichen Tafeln wohl 80, 90, 100, ja über hundert Speisen aufgesetzt. Die unterschiedenen Gänge werden mit den mancherley Confituren wohl drey- biß viermahl verändert, und man

TEEKANNE AUS DEM BATAILLENSERVICE
Frankenthal, um 1766, Reiss-Engelhorn-Museen

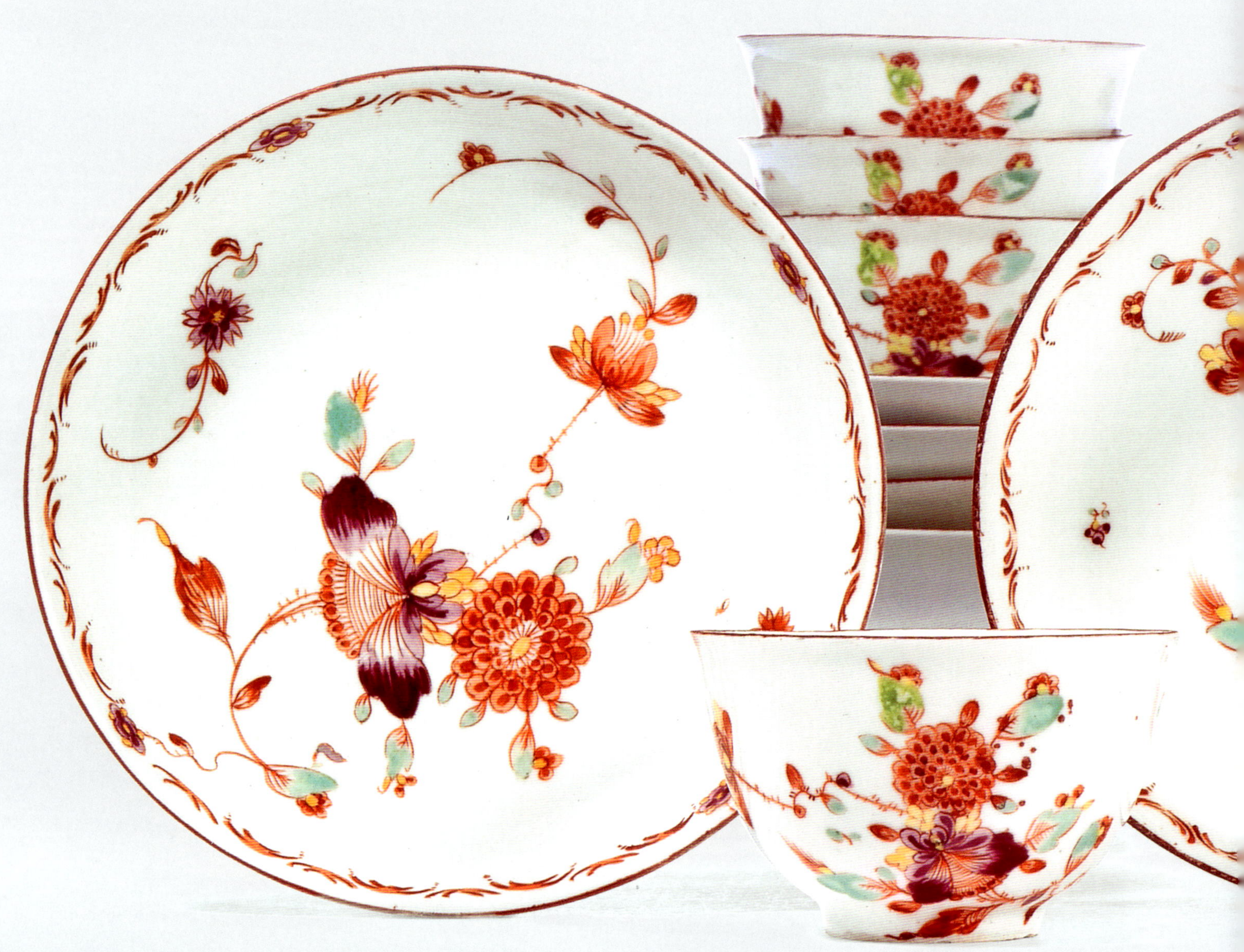

zehlet auf iedem Gange bißweilen dreysig, vierzig und funfzig Speisen. So offt als ein neuer Gang aufgesetzet wird, werden gar offters die Tafeltücher und die Services verändert, und bey dem letzten Aufsatz der Confituren gemeiniglich Teller von dem schönsten Porcelain herum gelegt.«

Aufzählungen dieser Art belegen, wie üppige Speisezubereitungen und mehrere Menügänge genossen wurden. Die Entwicklung und Verfeinerung der Esskultur des Adels und des gehobenen Bürgertums umfasste neben den Tischsitten die Gesamtheit der Speisetafel, auf der sich neben kunstvoll arrangierten Schaugerichten vereinheitlichte Trink- und Speiseutensilien durchsetzten. Dabei gelang es der Meißener Manufaktur, neue Moden zu kreieren, um die Nachfrage nach ihren Produkten zu steigern. So entstanden in Meißen die ersten vollständigen Tafelservice aus Porzellan. Doch gab die europäische Porzellanerzeugung nicht nur wichtige Impulse für die Entstehung eines einheitlichen Essgeschirrs, sondern auch für die Dekoration der Tafel: Die fantasievollen Tafelaufsätze der Renaissance erhielten noch vor dem Ende des 17. Jahrhunderts Konkurrenz durch den »Pot à Oille«, einer imposanten, oft prunkvoll gefertigten Suppenterrine (Abb. S. 92). Mit ihrem Namen erinnerte diese an einen bäuerlichen Eintopf, doch war der Bezug zur Suppe nur spielerisch gemeint. Schon bald avancierte der große Tafelaufsatz aus Porzellan, bekrönt durch Wappen, Fantasiegestalten von Göttern oder jagdbares Wild,

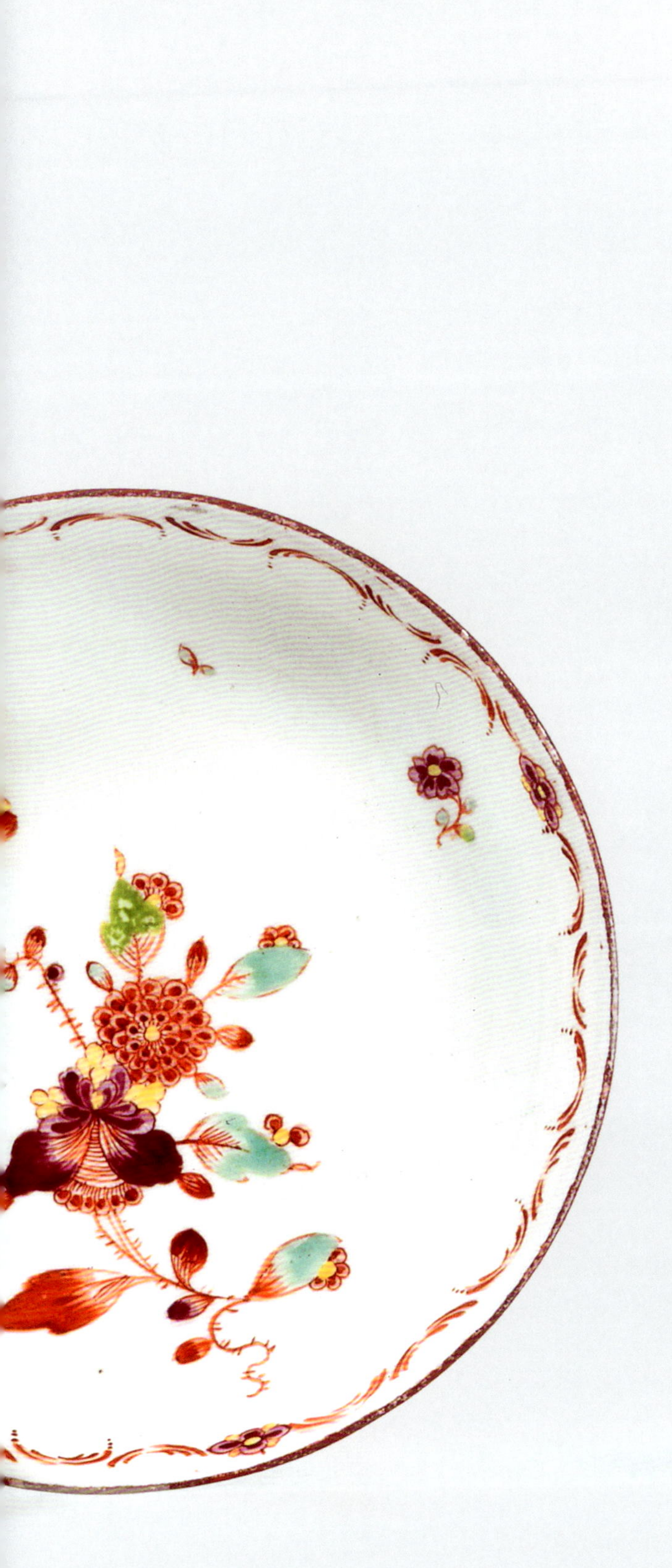

KOPPCHEN UND UNTERSCHALEN MIT INDIANISCHEN BLUMEN

Frankenthal, um 1758, Reiss-Engelhorn-Museen (Inv.-Nr. Ch 1295a–f)

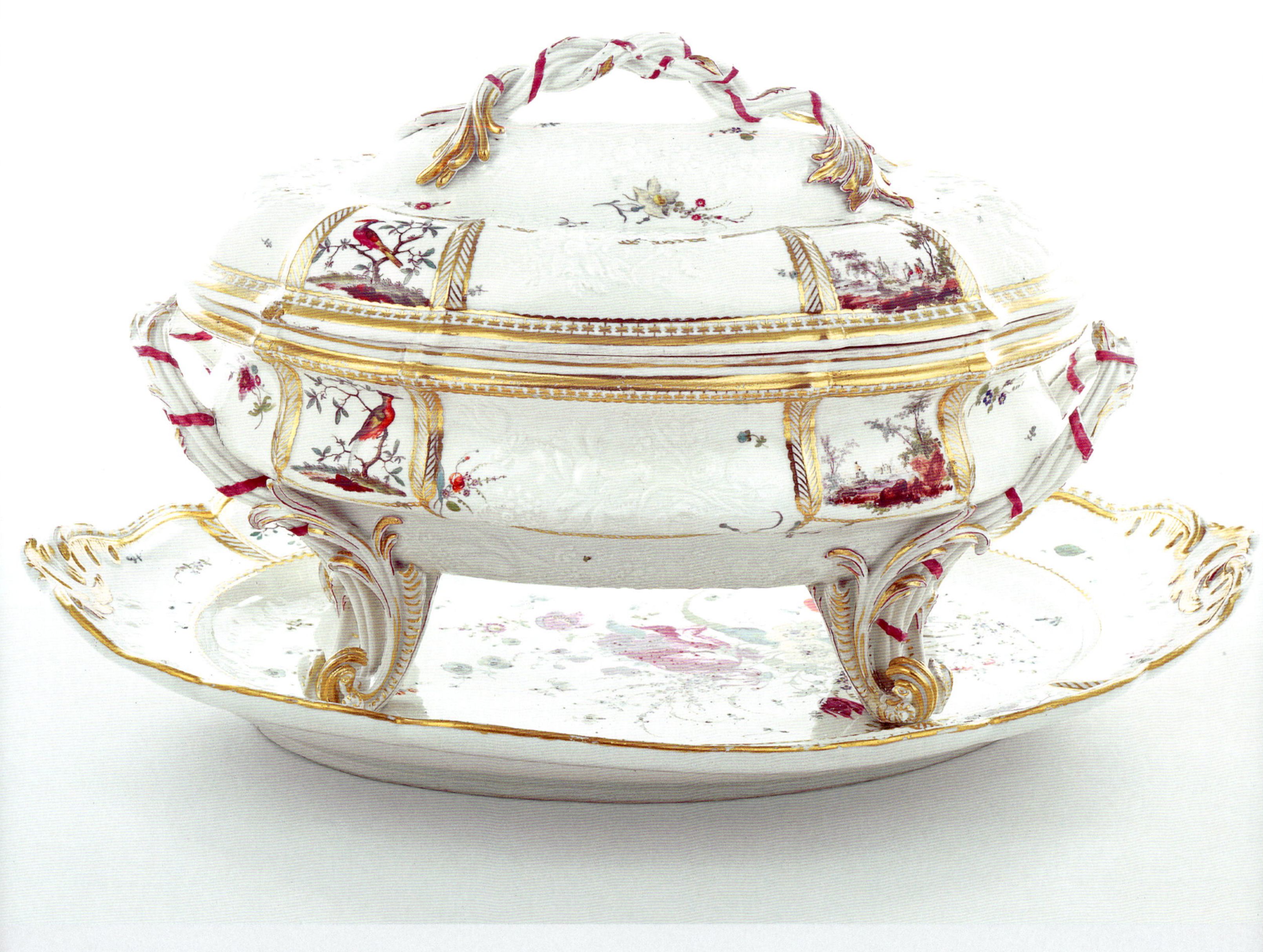

OVALE DECKELTERRINE EINES TAFELSERVICES FÜR DAS RESIDENZSCHLOSS MANNHEIM

Frankenthal, um 1760, Reiss-Engelhorn-Museen (Inv.-Nr. RMM 1993/I-24)

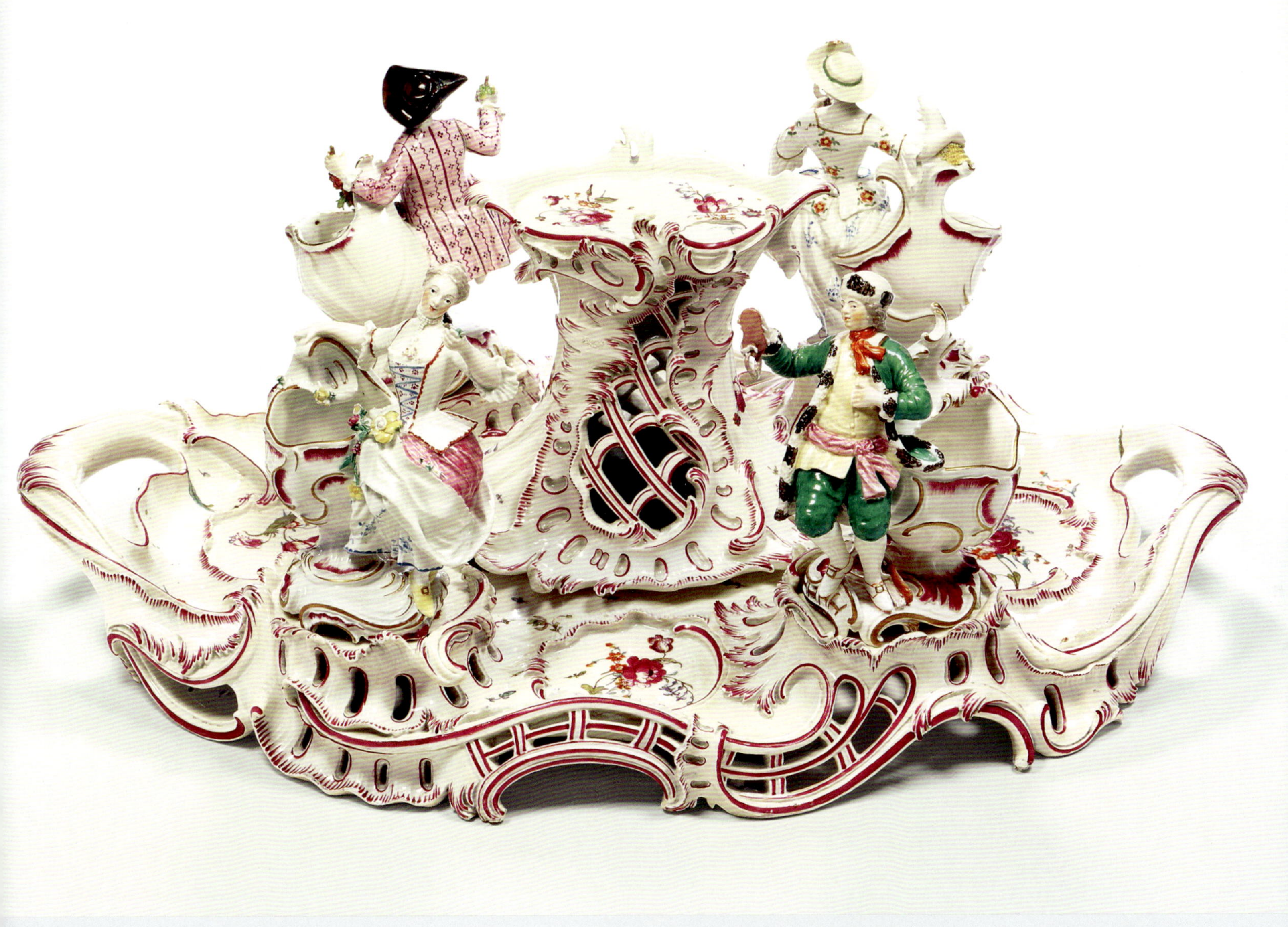

TAFELAUFSATZ FÜR DEN DESSERTGANG EINER SPEISETAFEL

Frankenthal, um 1767, Modell von Johann Friedrich Lück, Reiss-Engelhorn-Museen (Inv.-Nr. RMM 1976/4a,b)

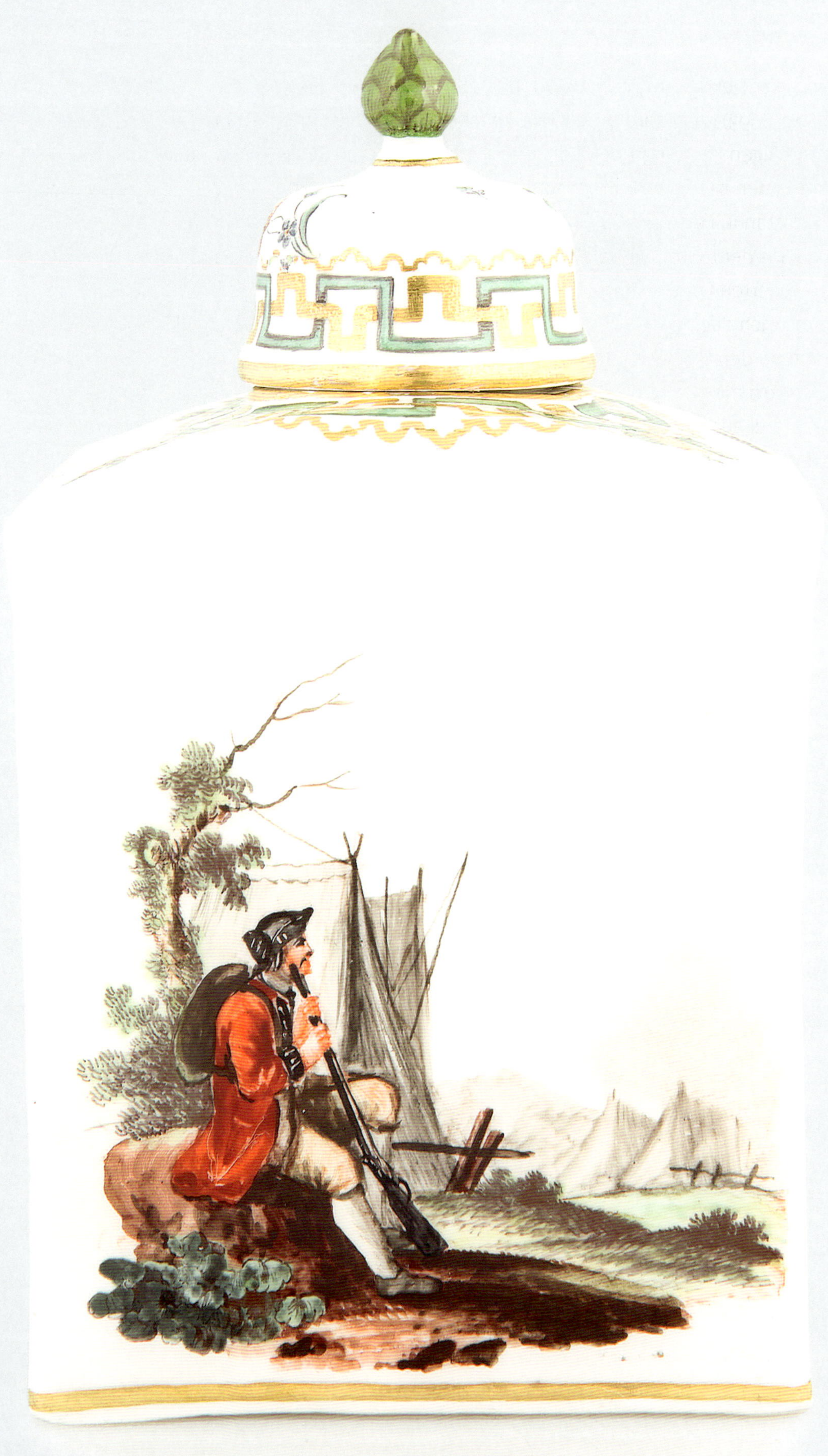

zum Hauptobjekt der Dekoration im Zentrum der großen Festmahlzeit (Abb. S. 93). Jetzt sorgten hoch aufragende Aufsätze mit vielteiligen Figurengruppen dauerhaft für den festlichen Rahmen bei Tisch. Früchte und Gefrorenes arrangierte man in Felslandschaften, Lustgärten oder Jagdszenen aus dem »weißen Gold«. Allegorien und Götterfiguren flankierten feine Cremes und Kompott. Dabei orientierten sich die Modellmeister der Porzellanmanufakturen oft an den Vorgaben der Patissiere. In bürgerlichen Häusern mochte es auch weiterhin eine umfängliche Schüssel aus Fayence sein, später auch aus Porzellan, die das Zentrum für Gespräch und Gastlichkeit bildete.

Die Einführung von Porzellangeschirr in größerem Umfang änderte zunächst die höfische, später auch die bürgerliche Ess- und Tafelkultur. Bis heute leitet sich unsere Tischkultur im Wesentlichen von der Tafelgestaltung des 18. Jahrhunderts ab.

Seinerzeit erkannten die Herrscher bald, welche wirksamen Möglichkeiten Porzellan als hoch geschätztes, diplomatisches Geschenk entfalten konnte. Ganze Tafelservice aber auch repräsentative Einzelwerke wurden zu unterschiedlichen Anlässen für fremde Höfe angefertigt. Ein Service von hohem Rang diente vor allem der höfischen Repräsentation. Tatsächlich benutzt wurde es selten, und wenn, dann nur zu besonderen Anlässen.

TEEDOSE AUS DEM BATAILLENSERVICE
Frankenthal, 1775, Reiss-Engelhorn-Museen

BILDTEIL

Tassen und Untertassen des Bataillenservices

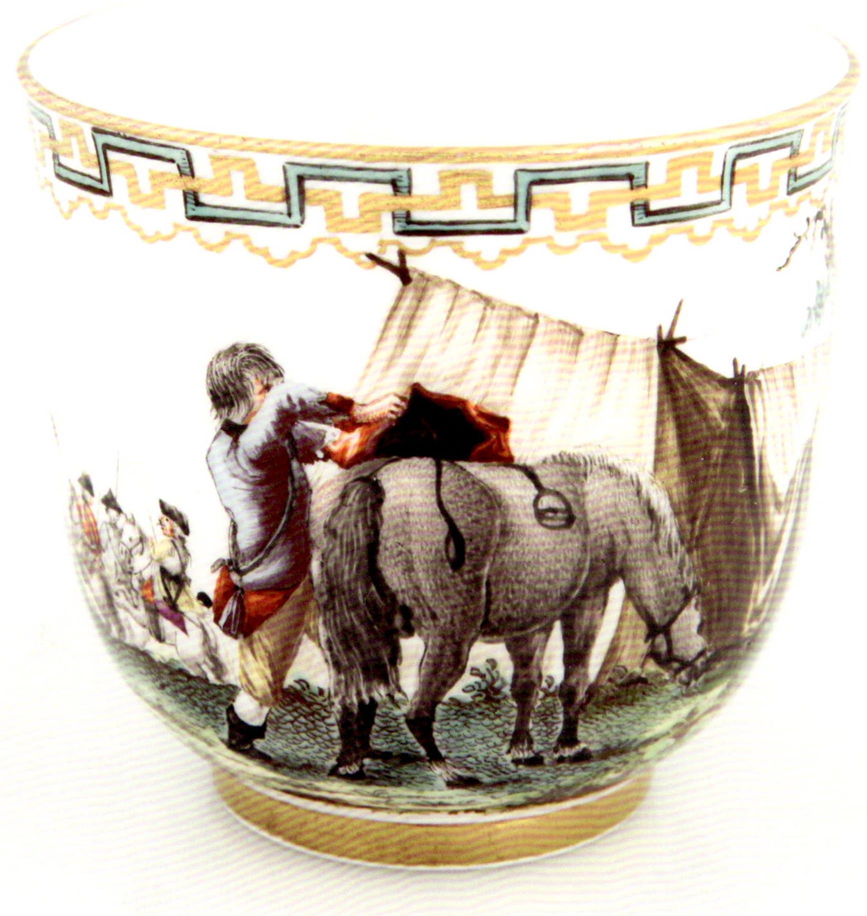

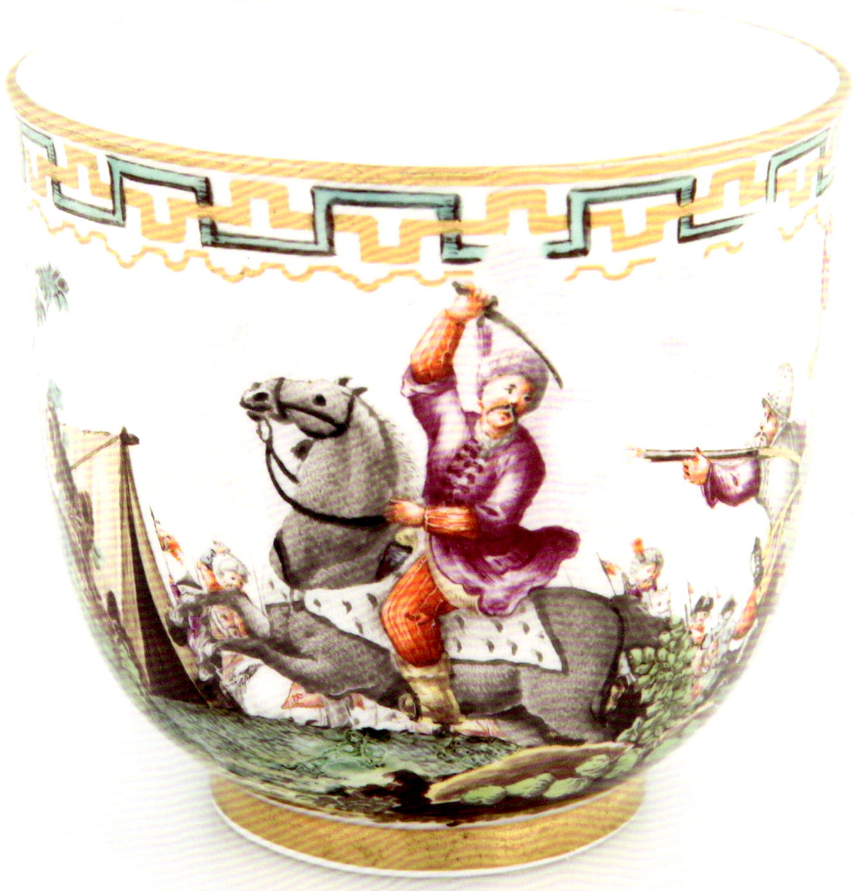

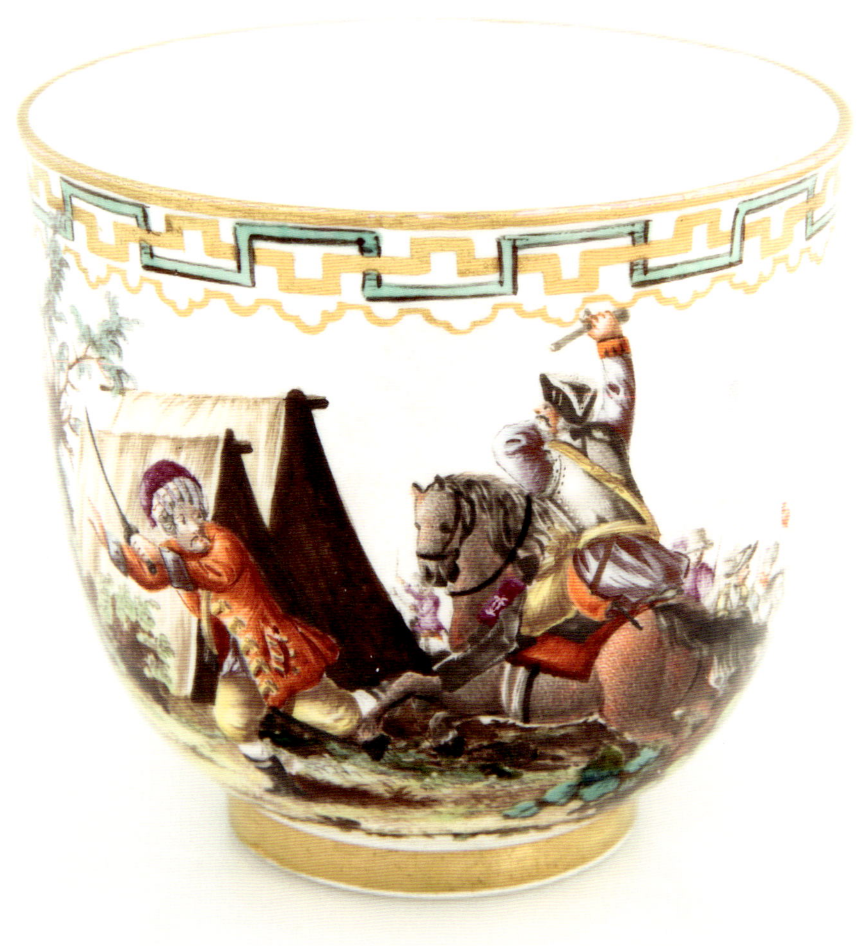

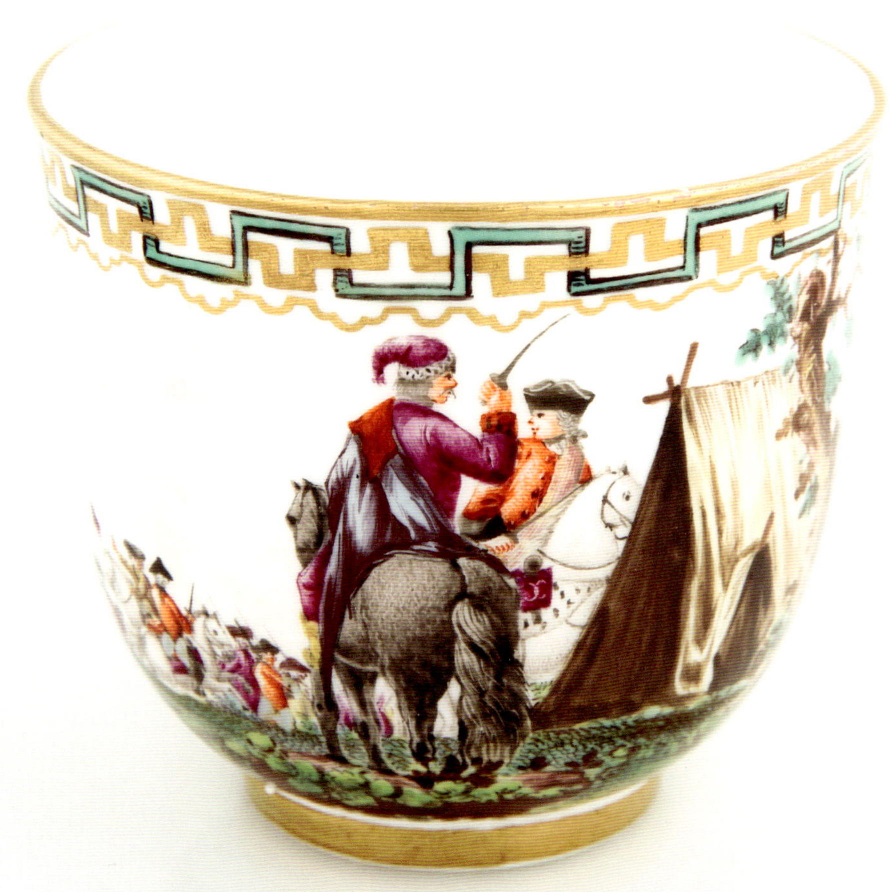

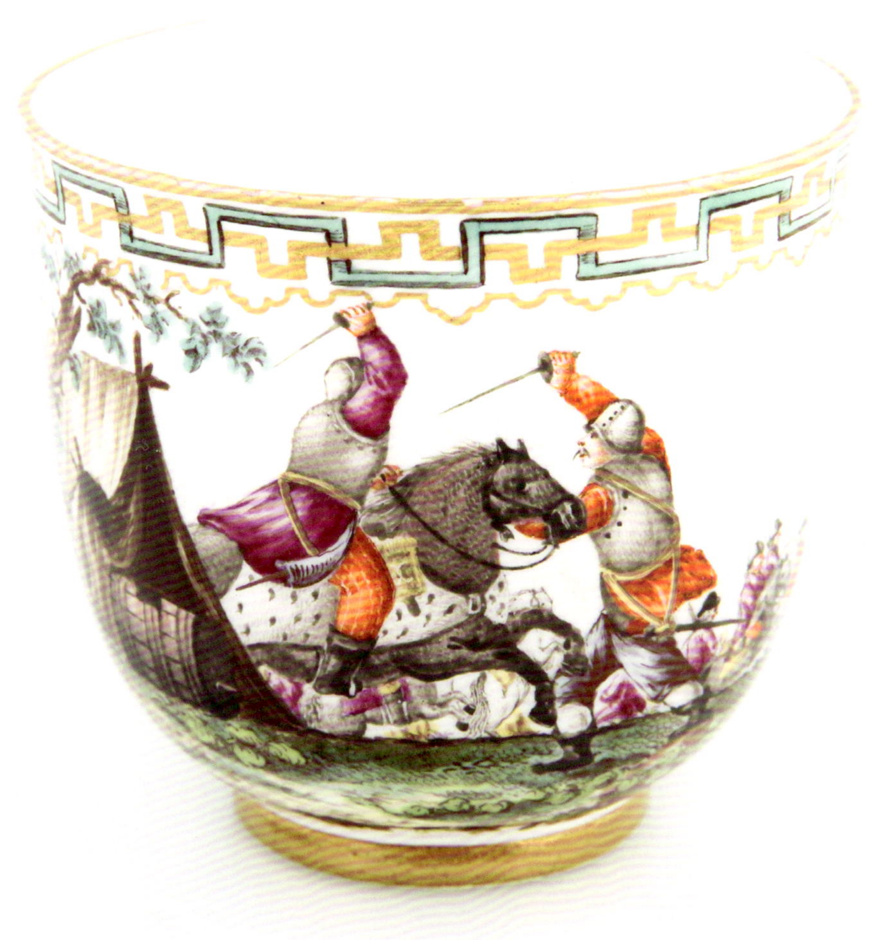

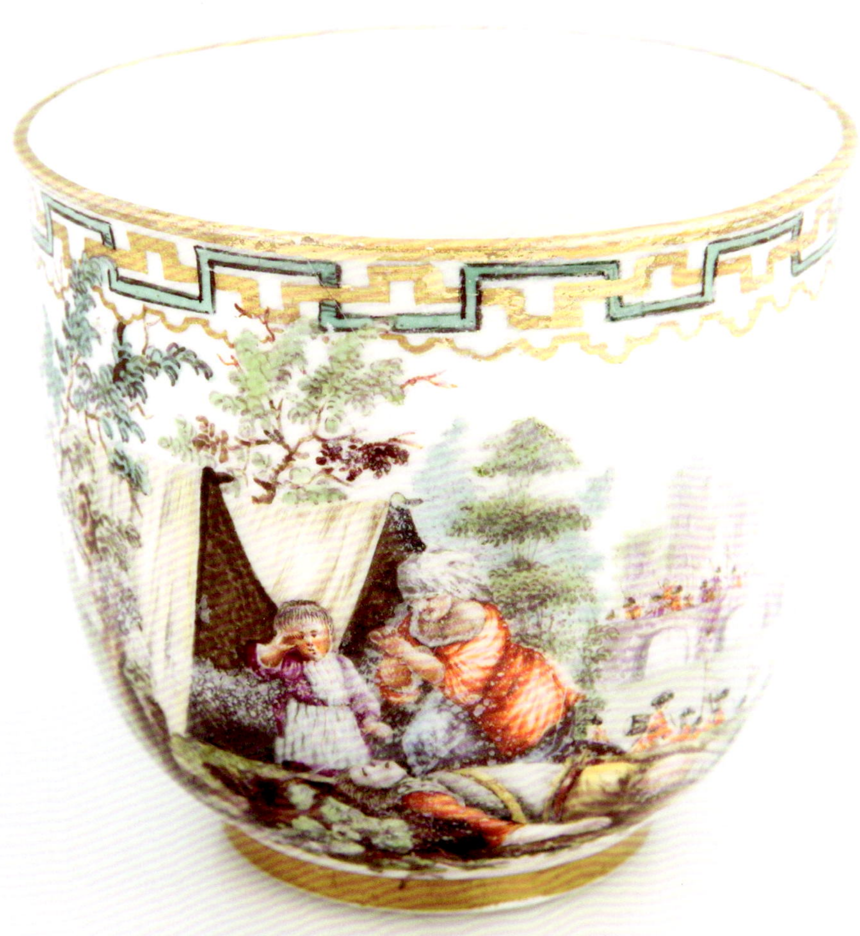

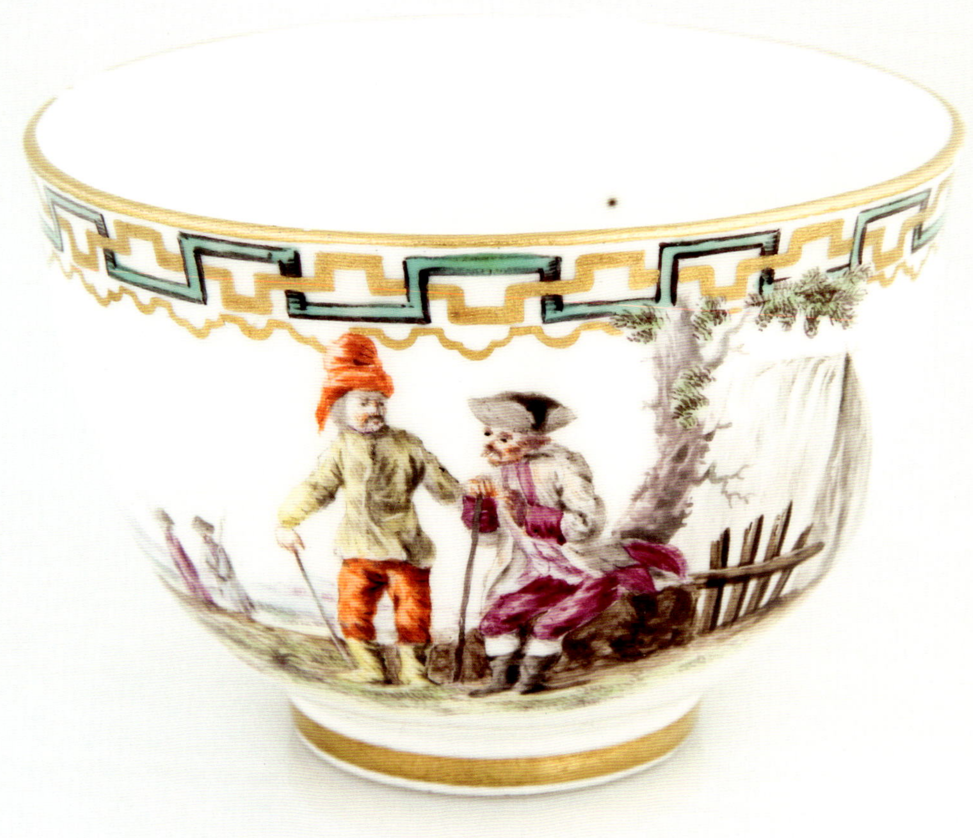

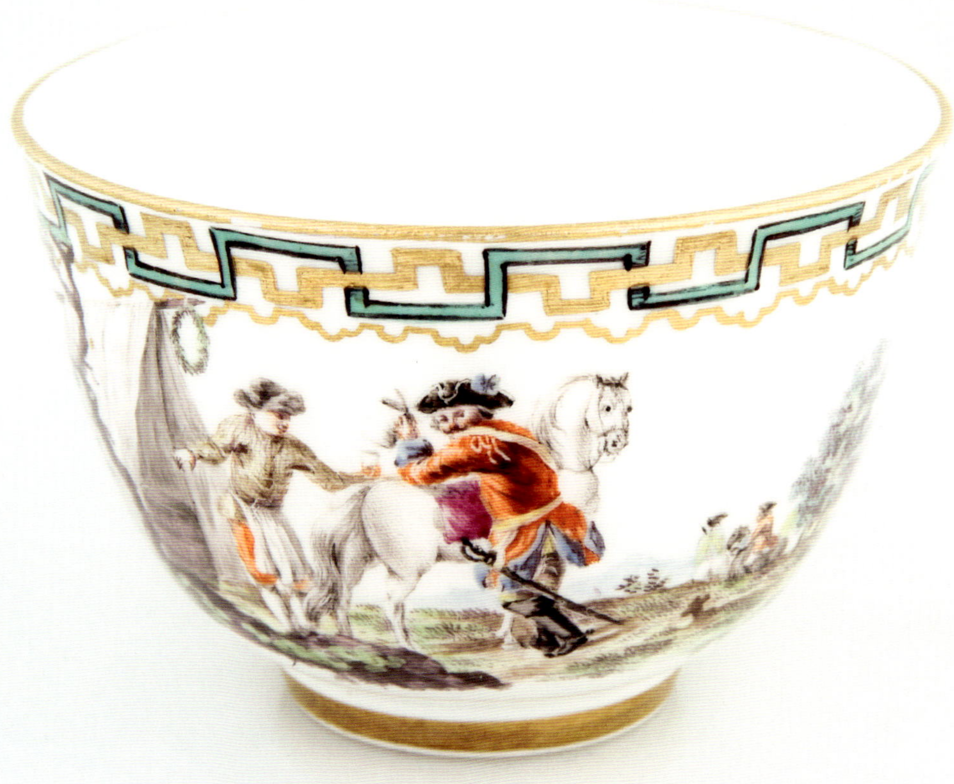

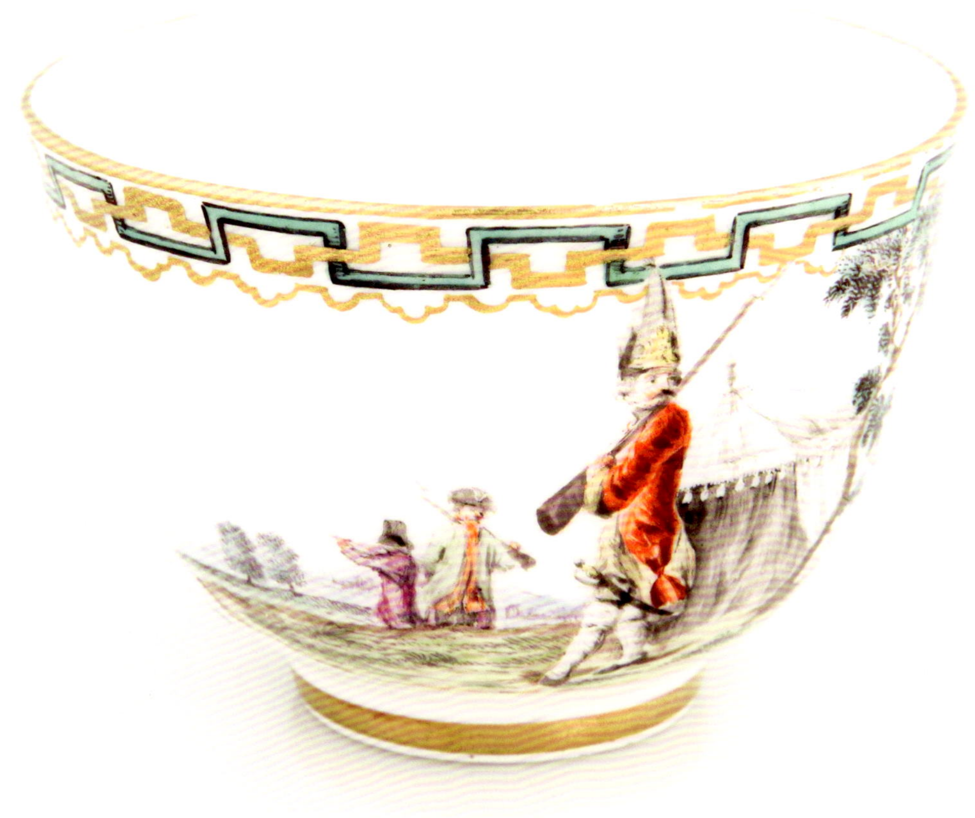

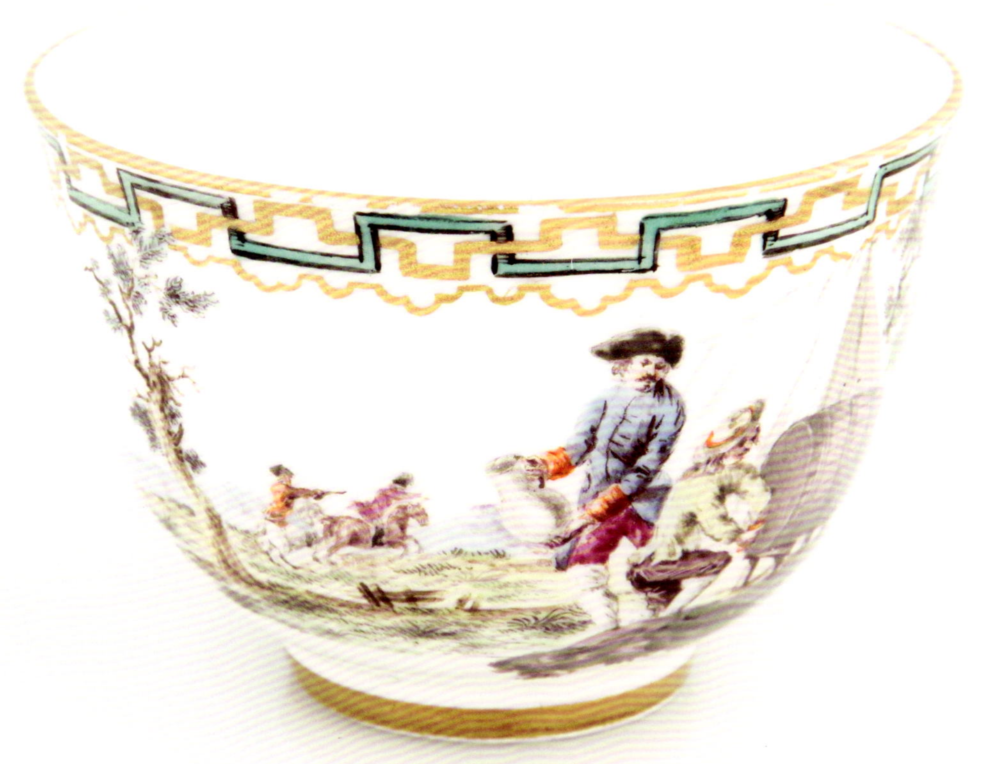

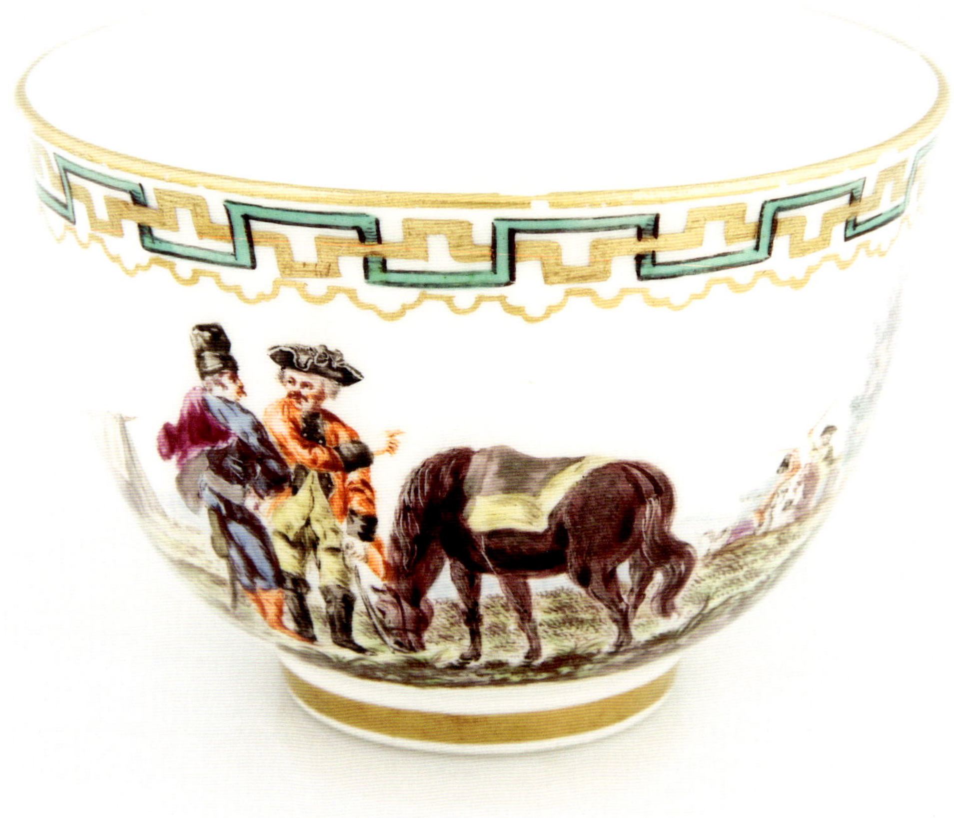

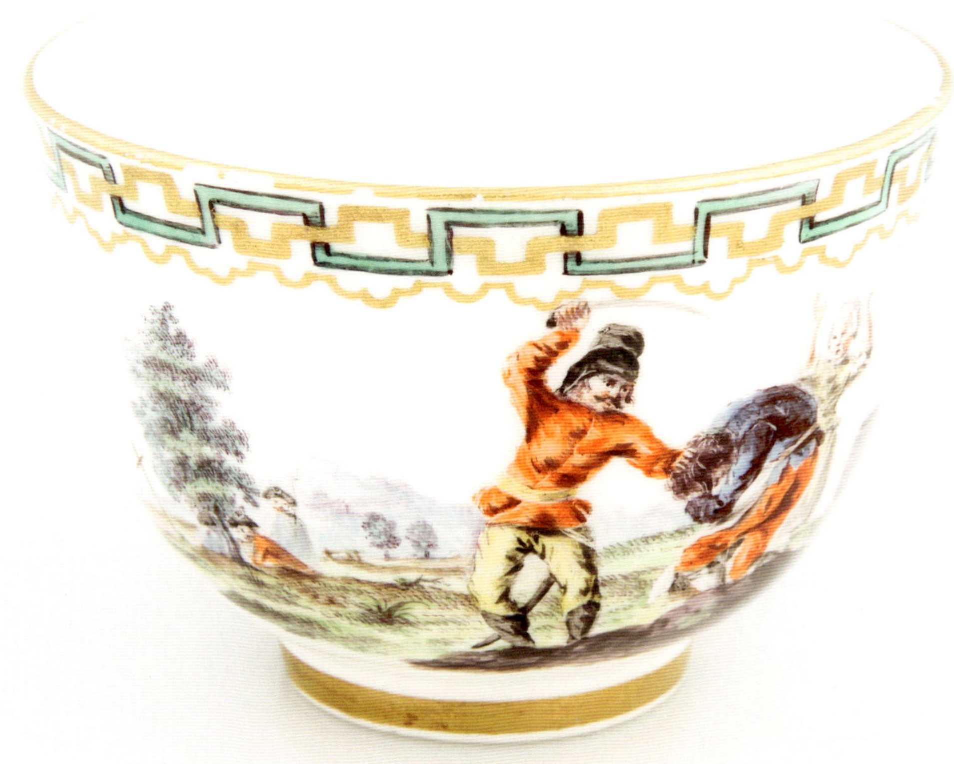

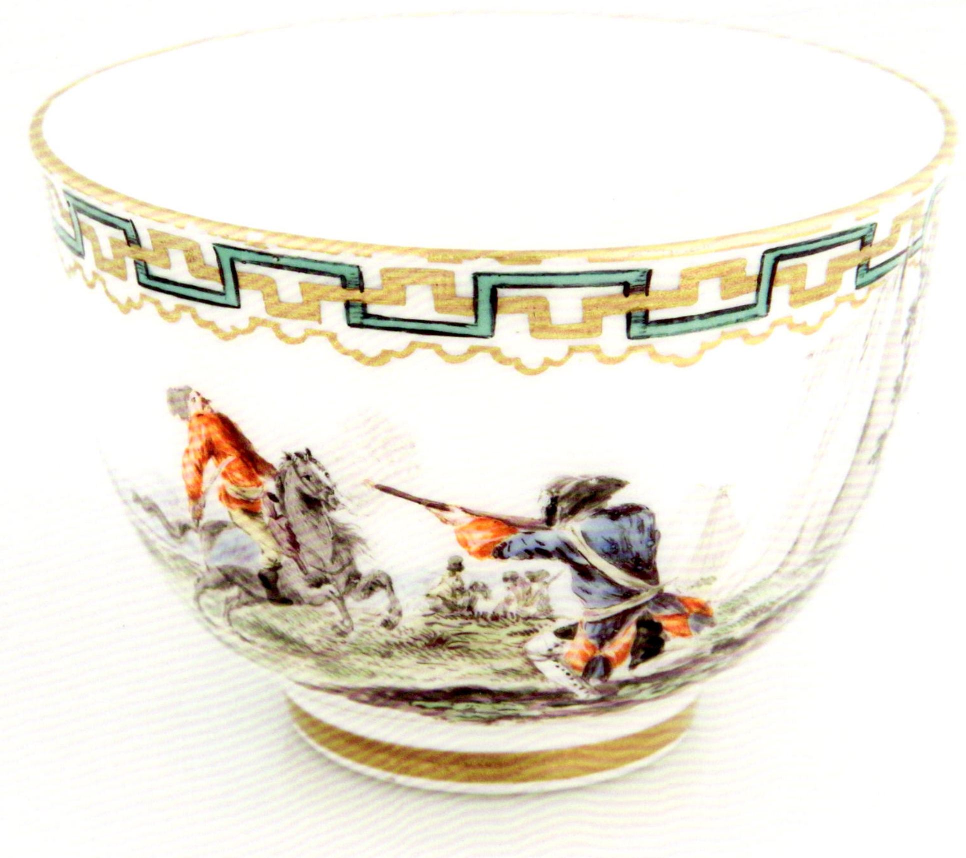

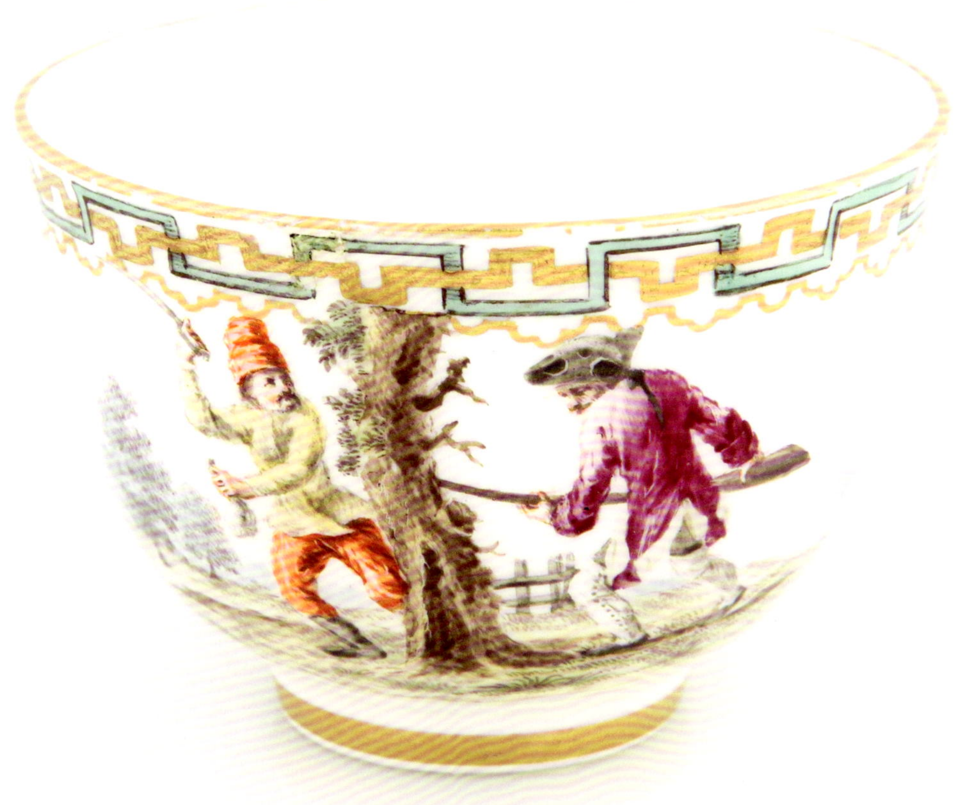

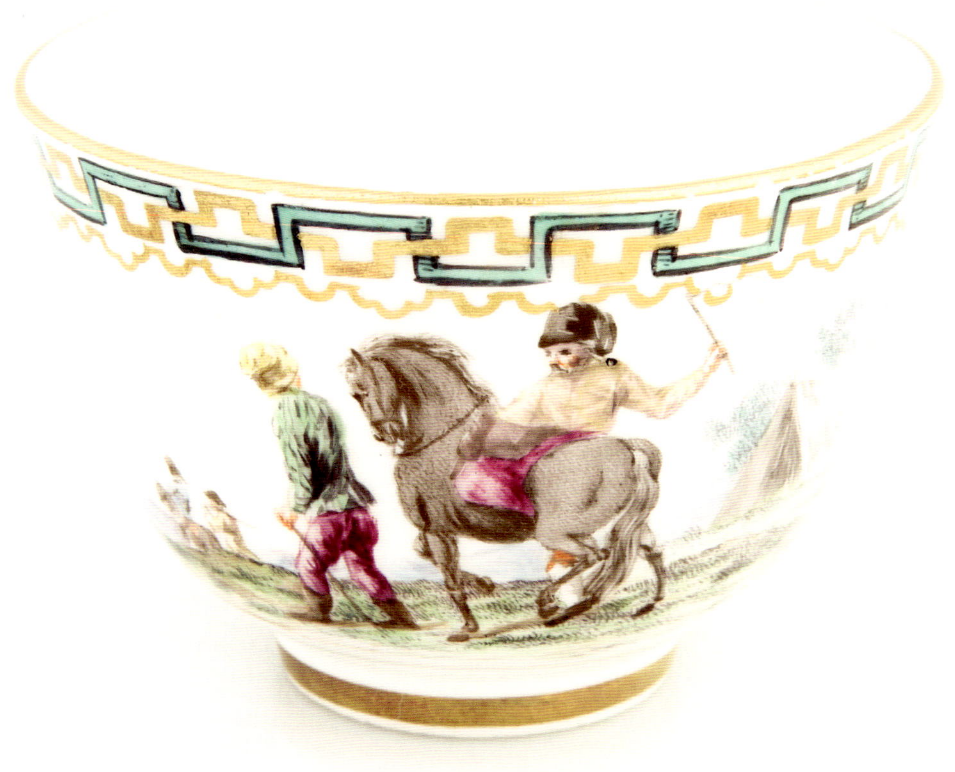

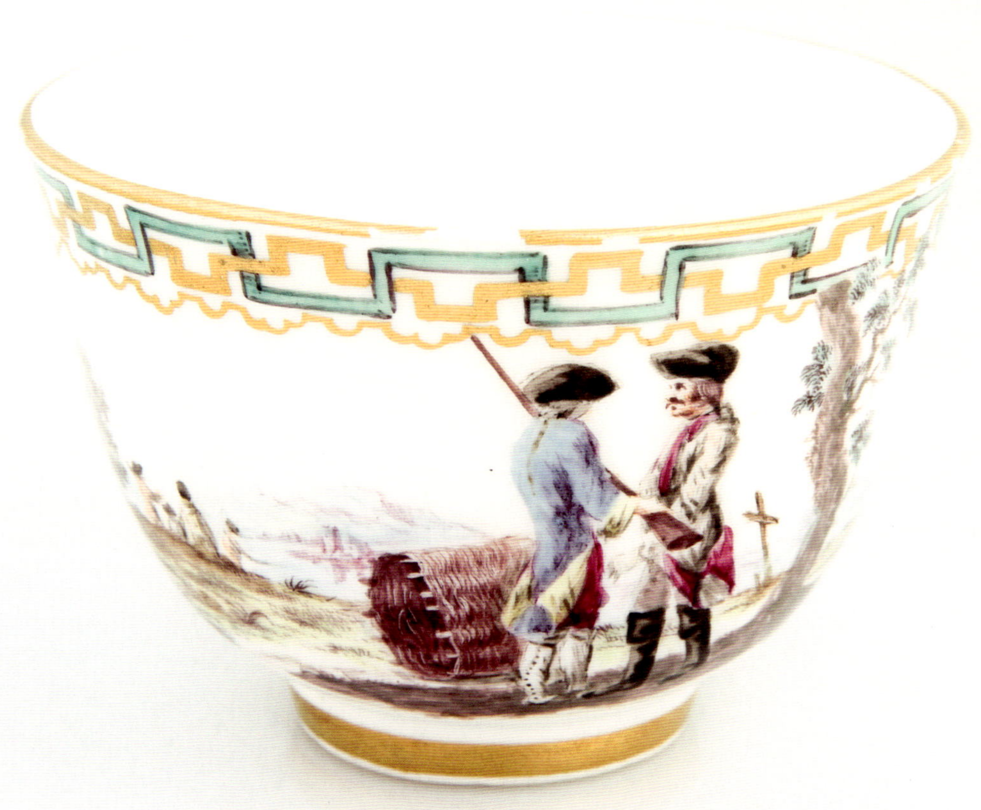

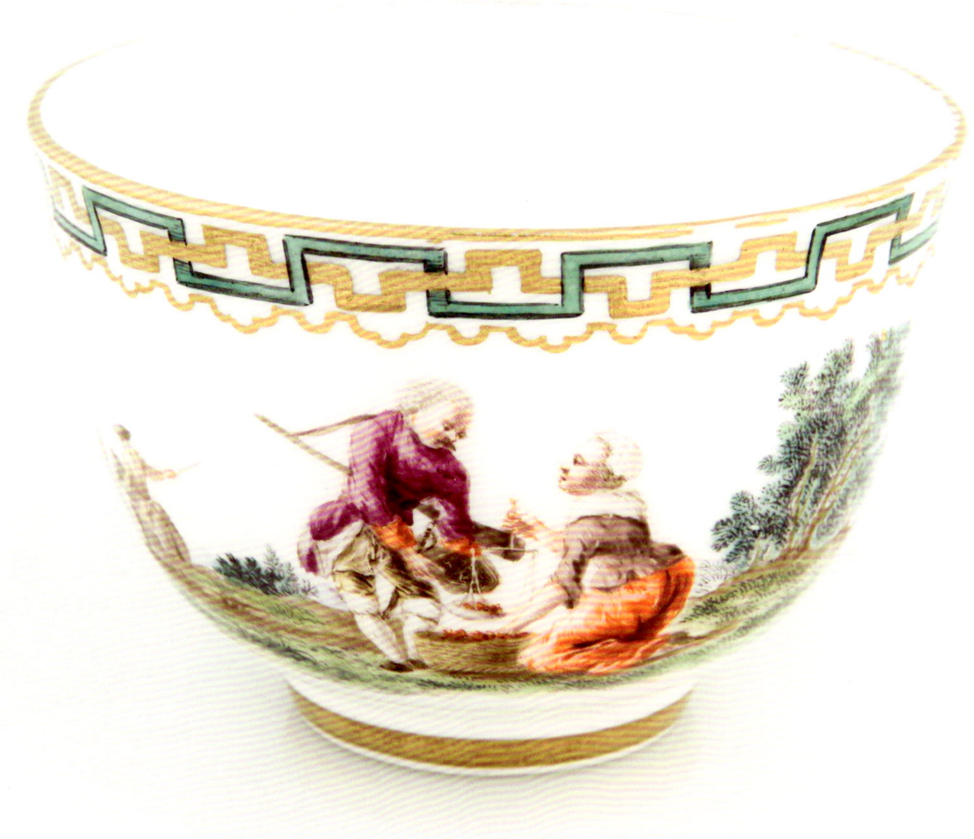

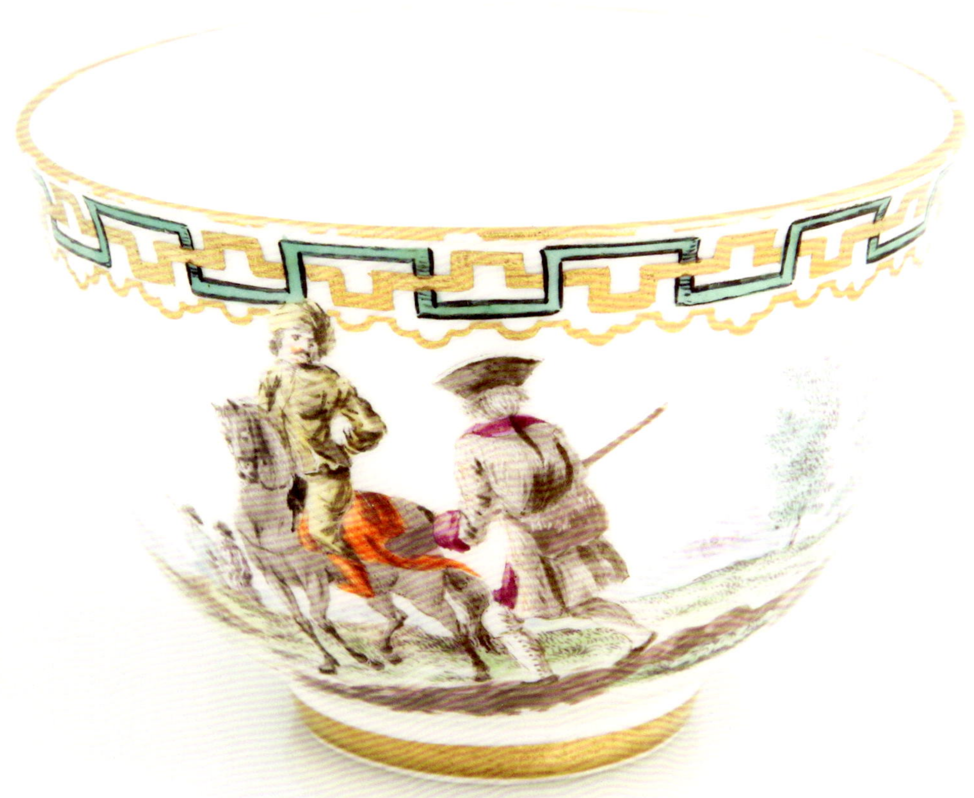

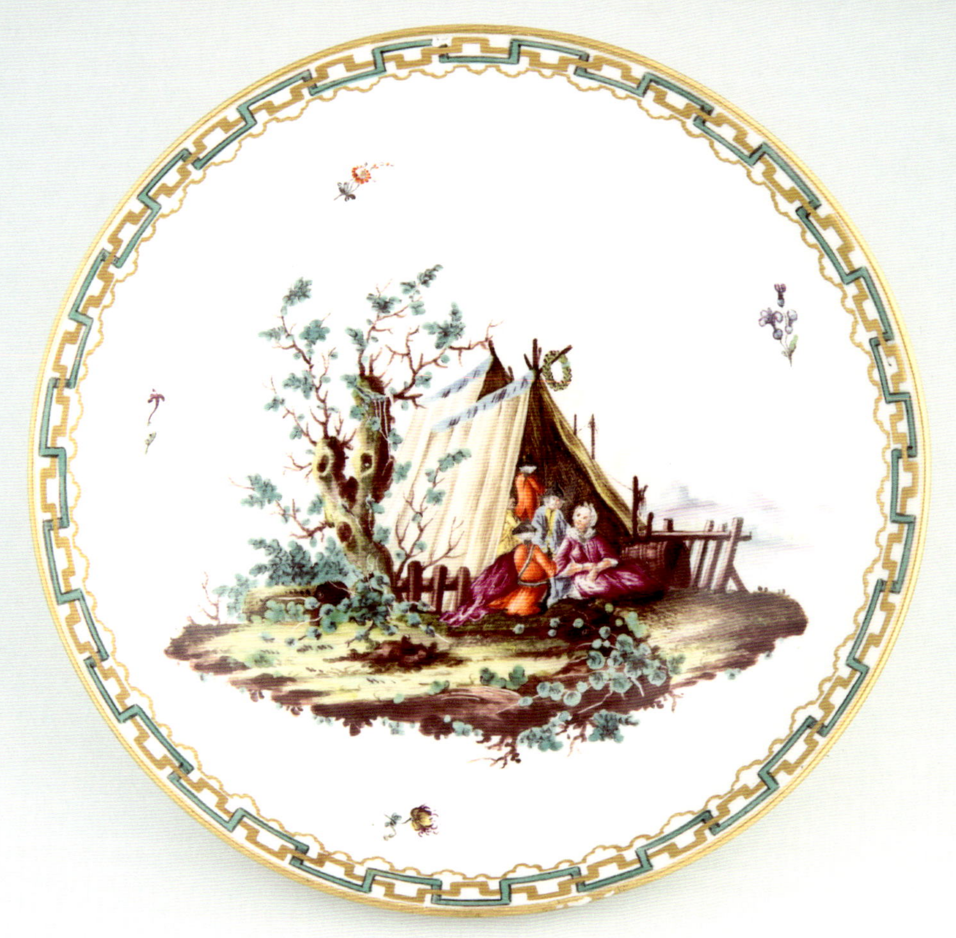

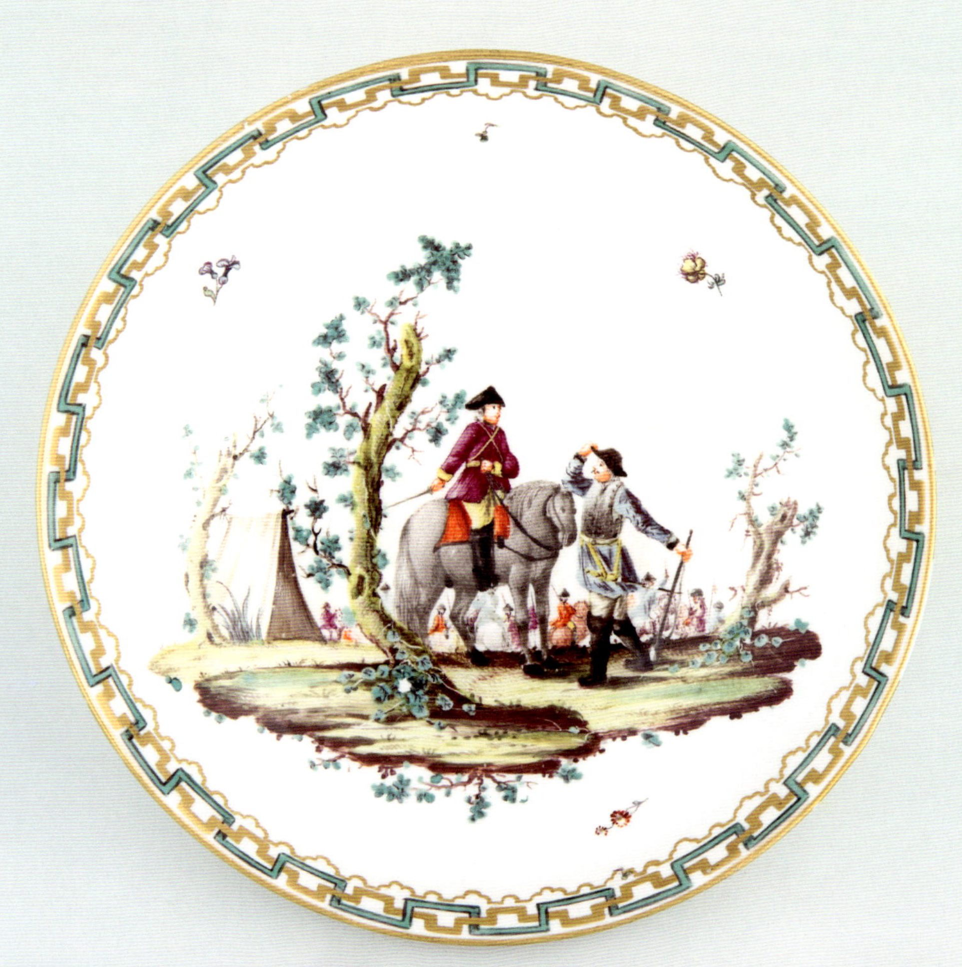

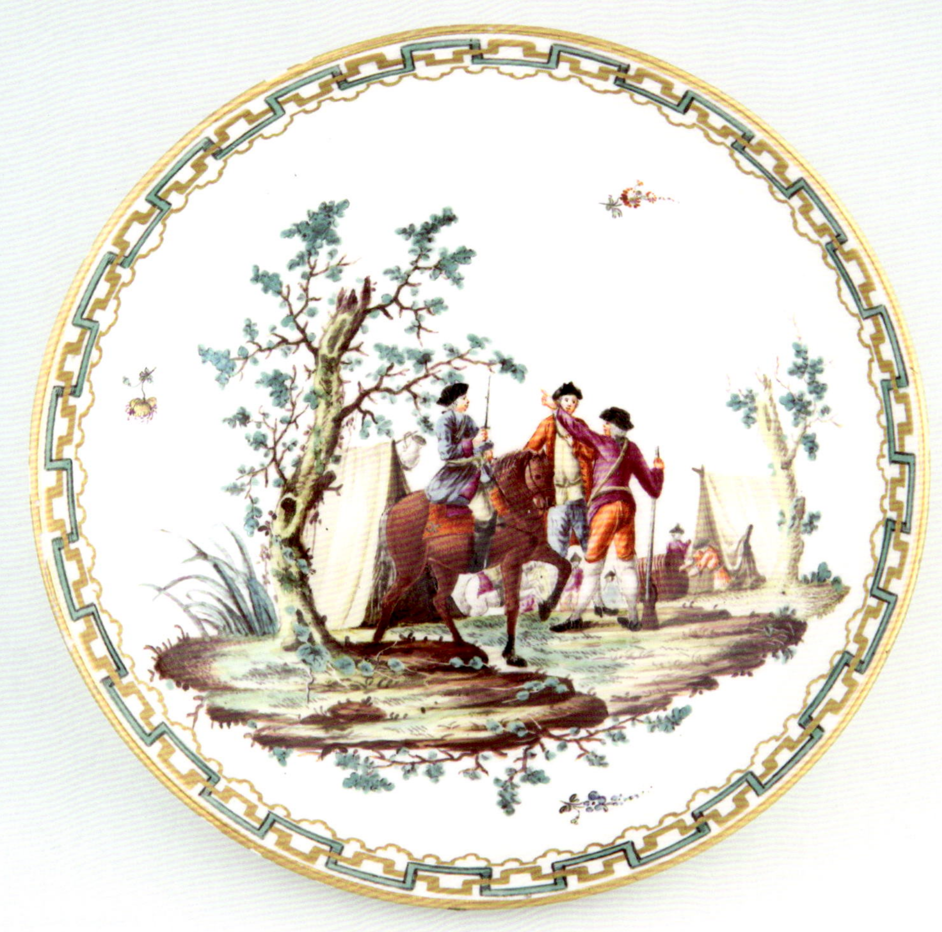

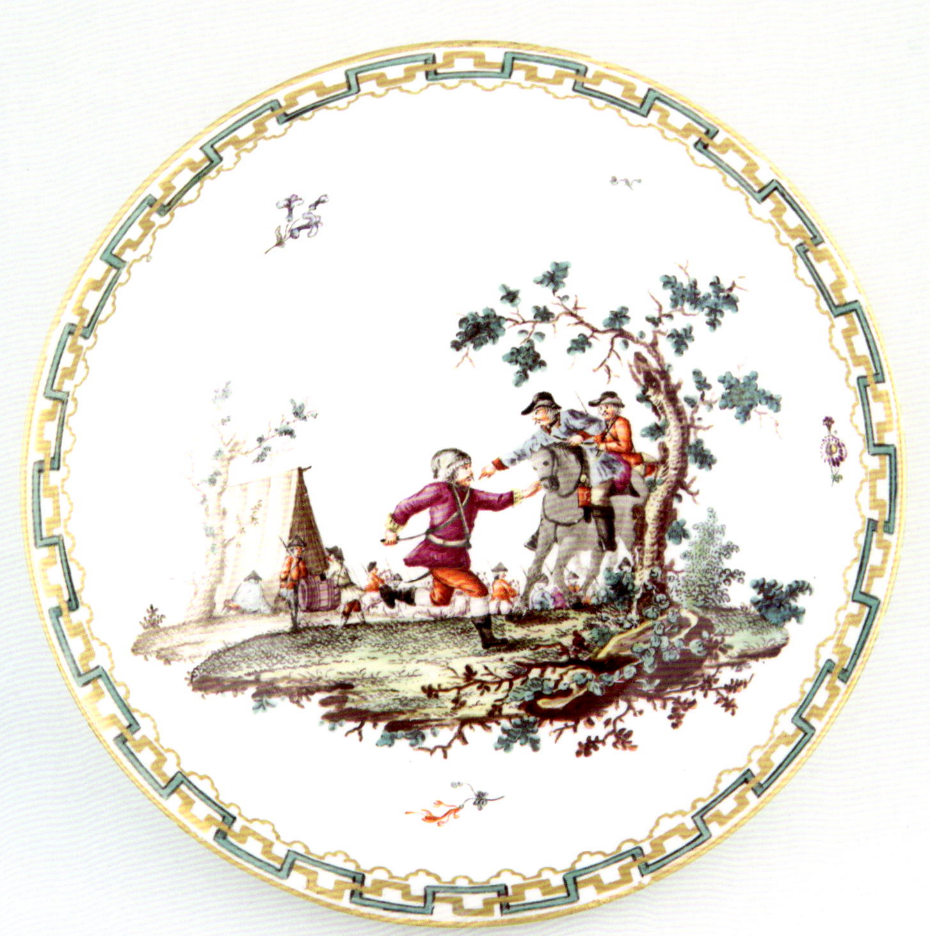

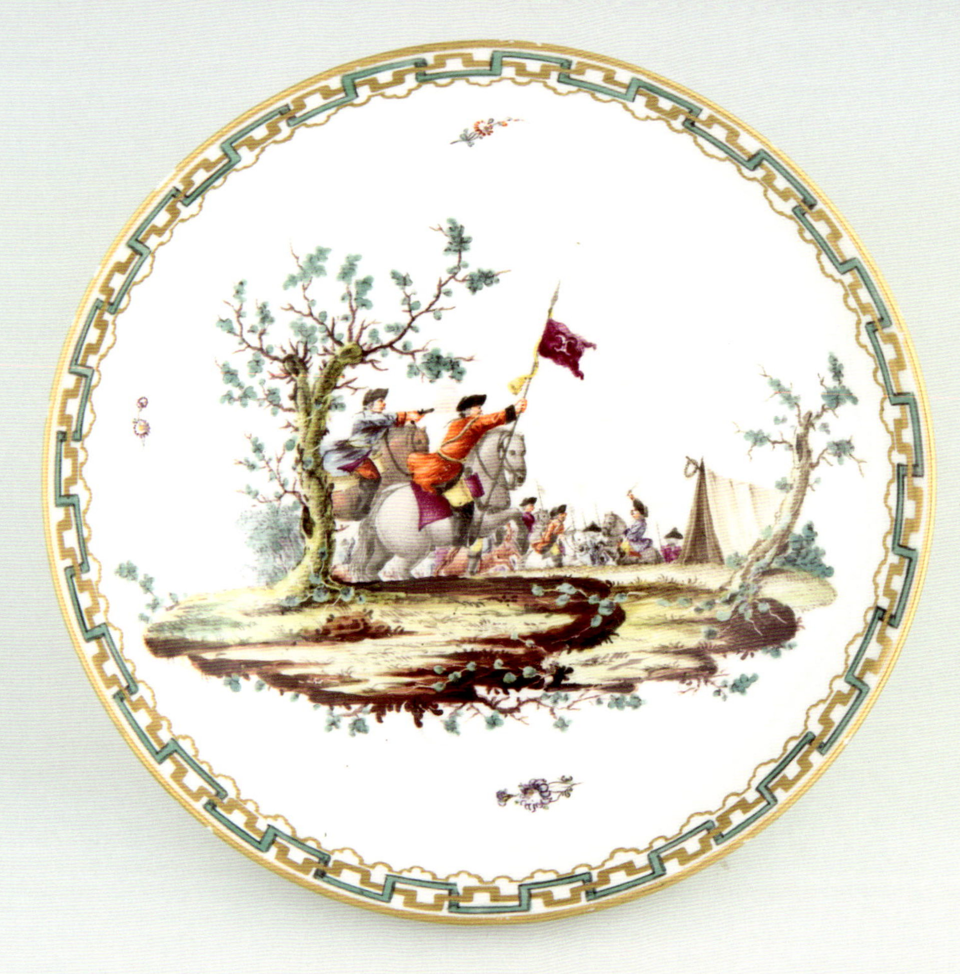

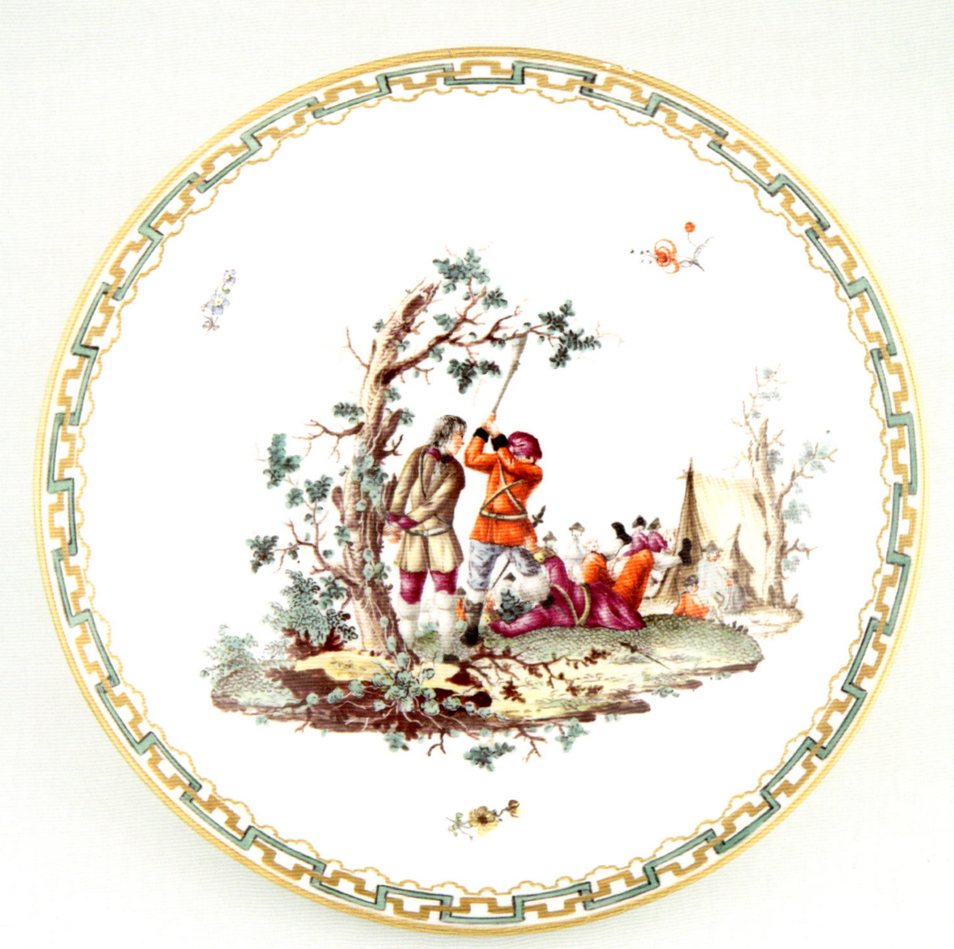

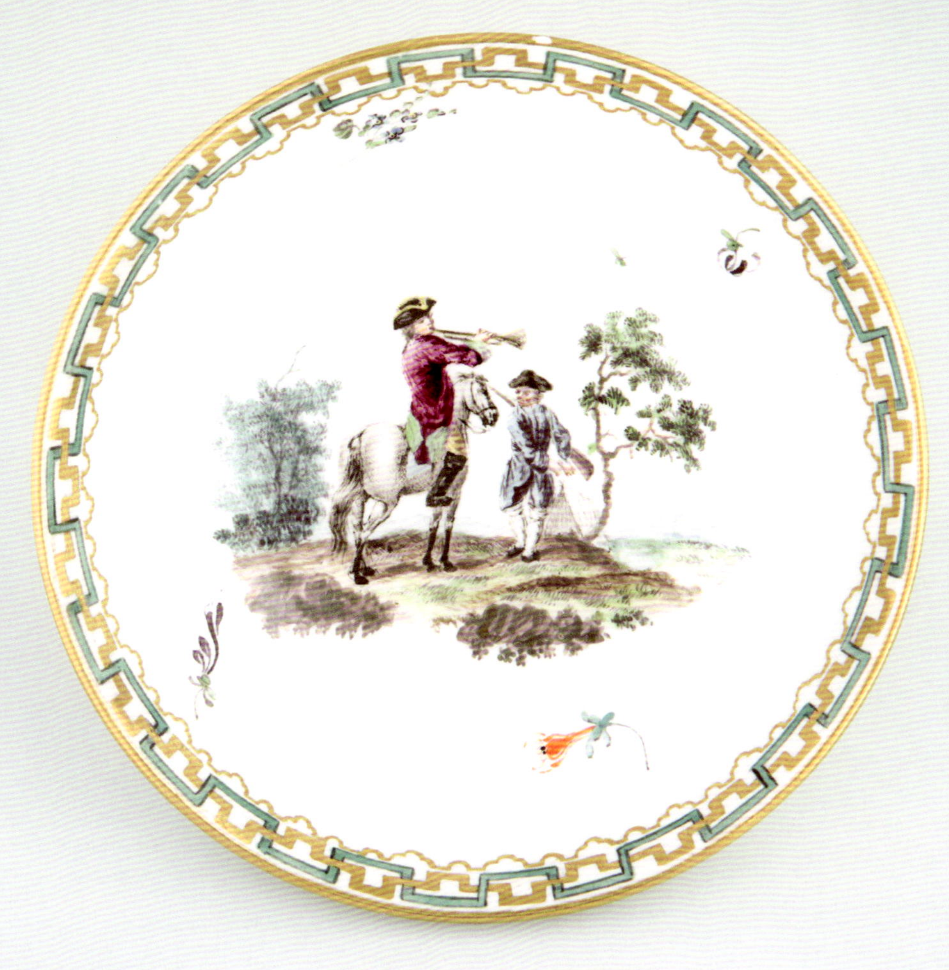

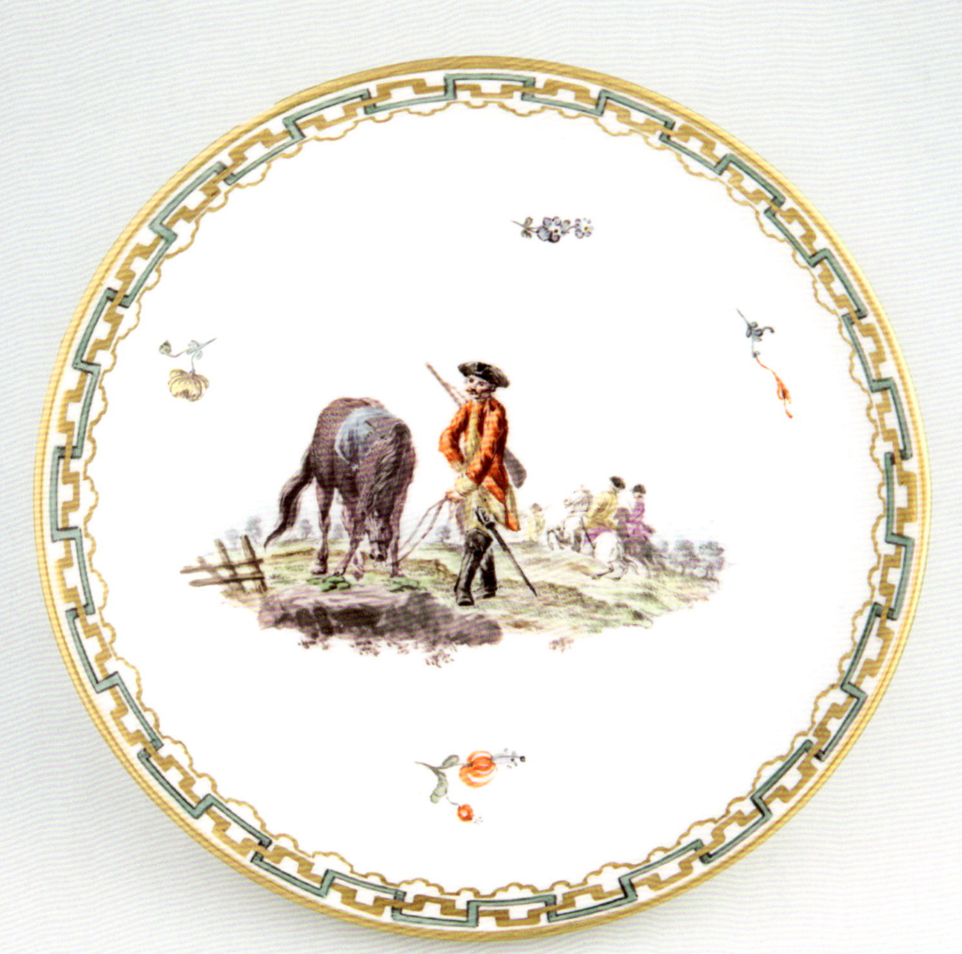

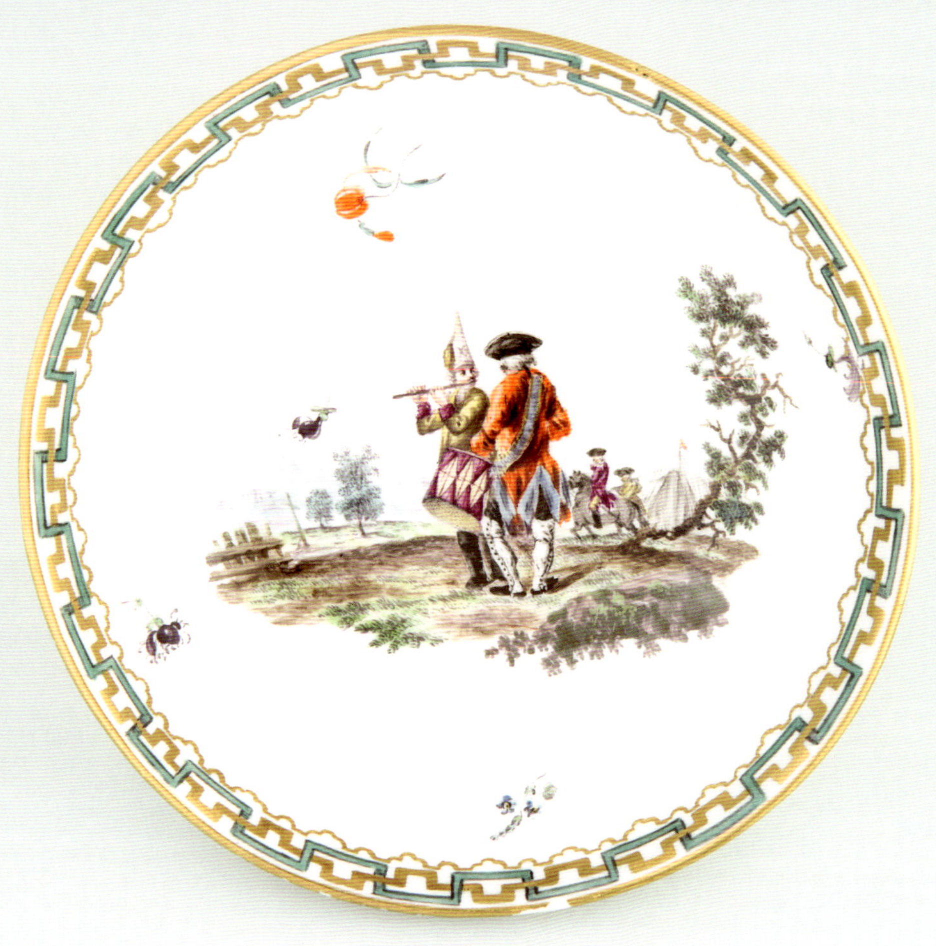

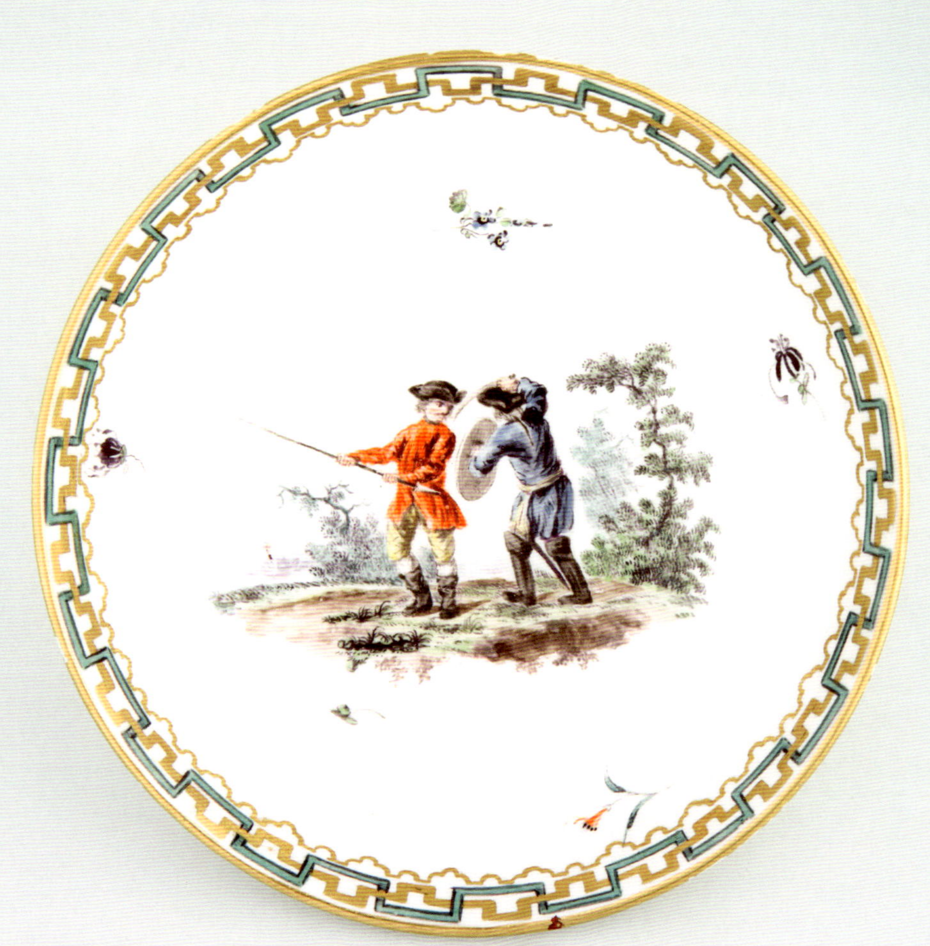

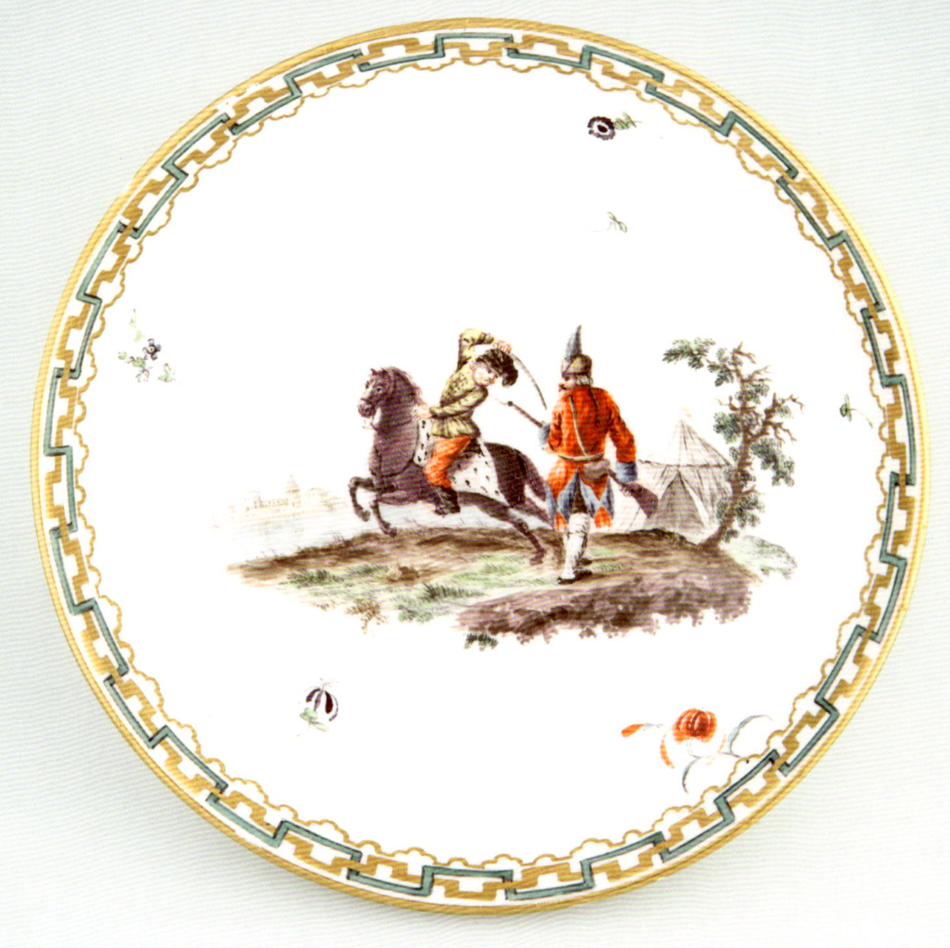

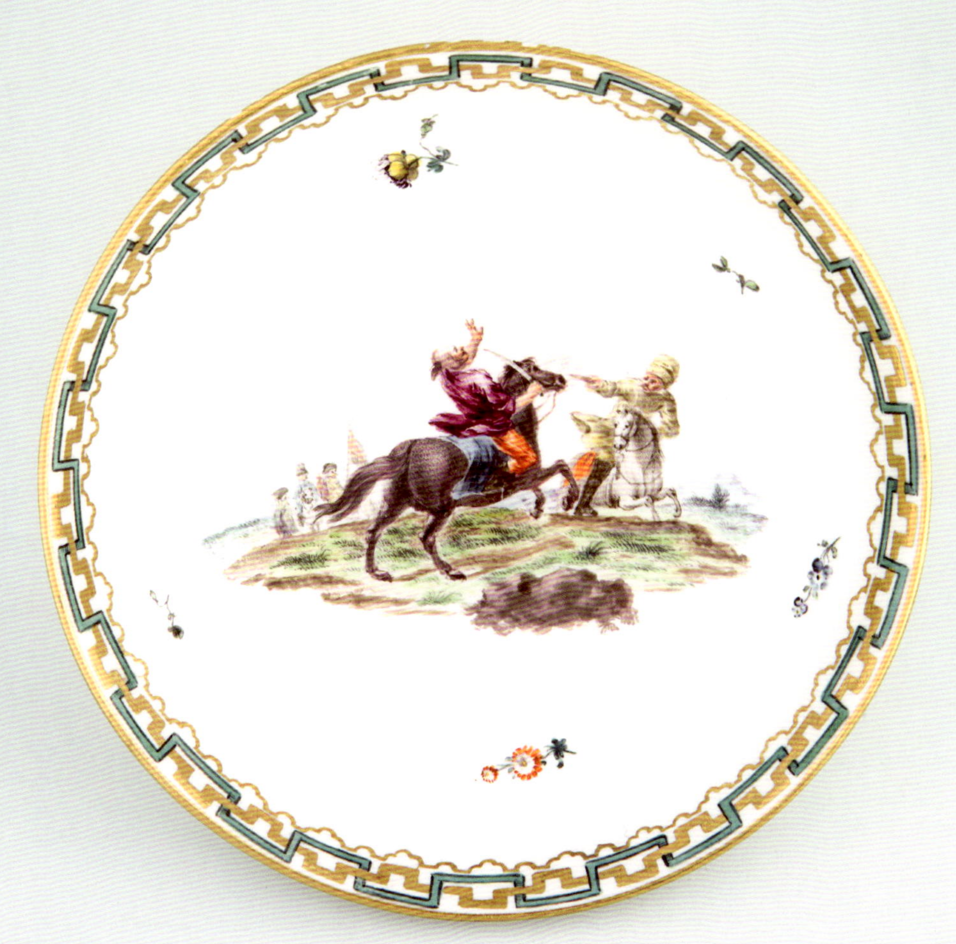

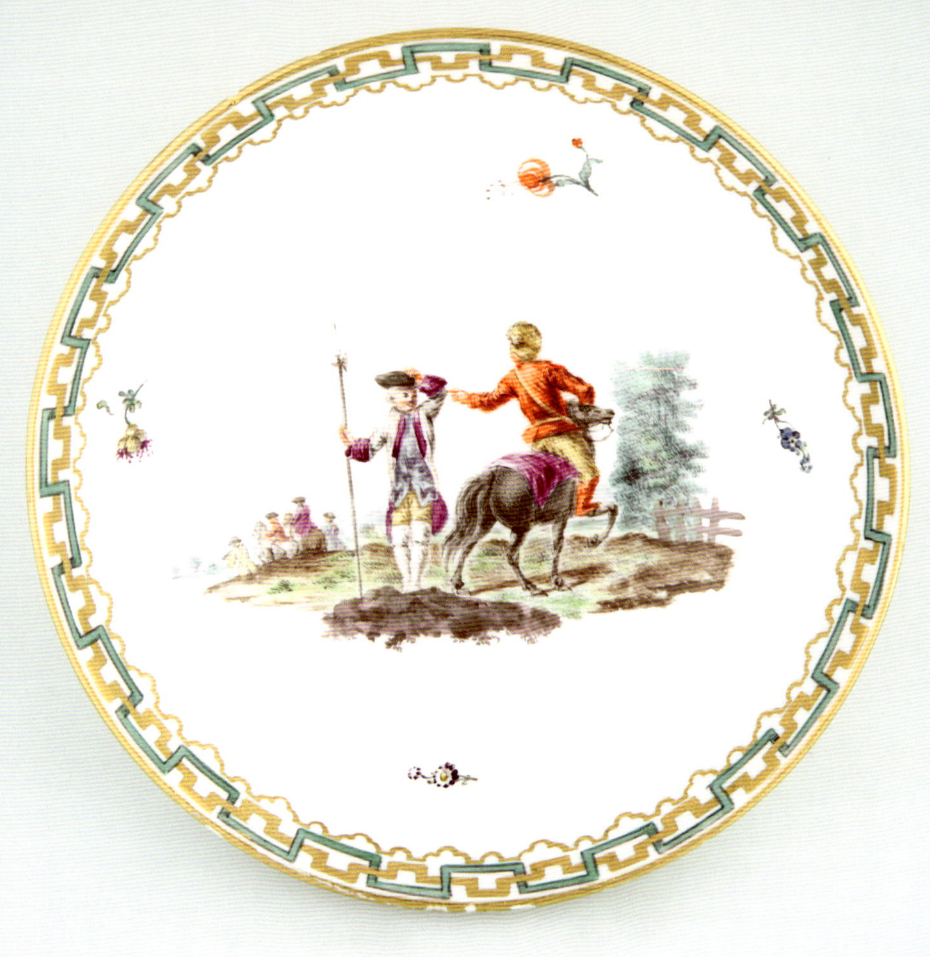

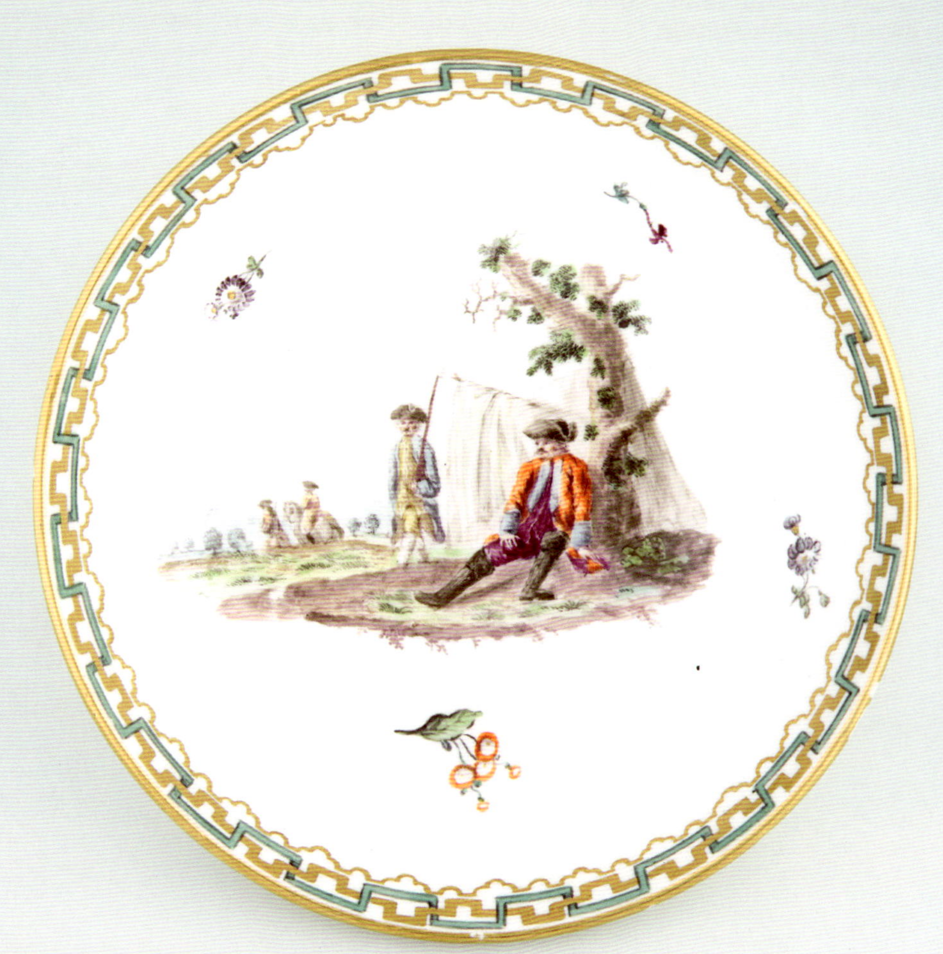

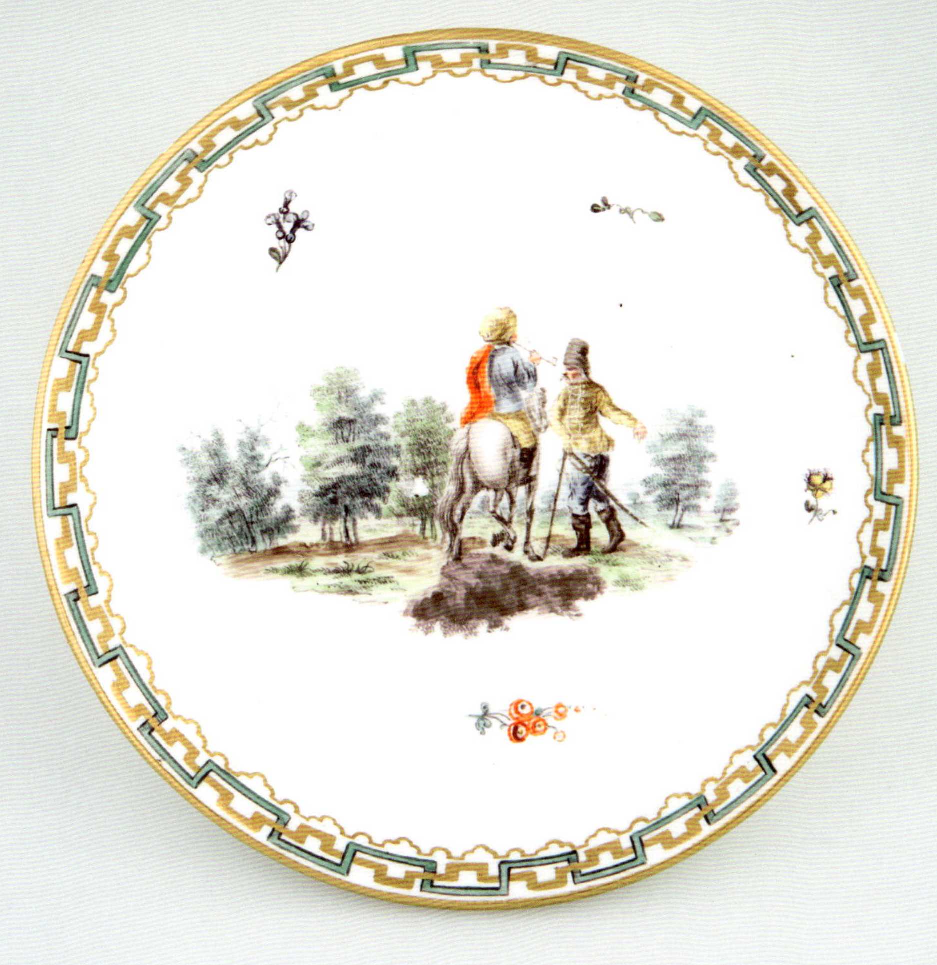

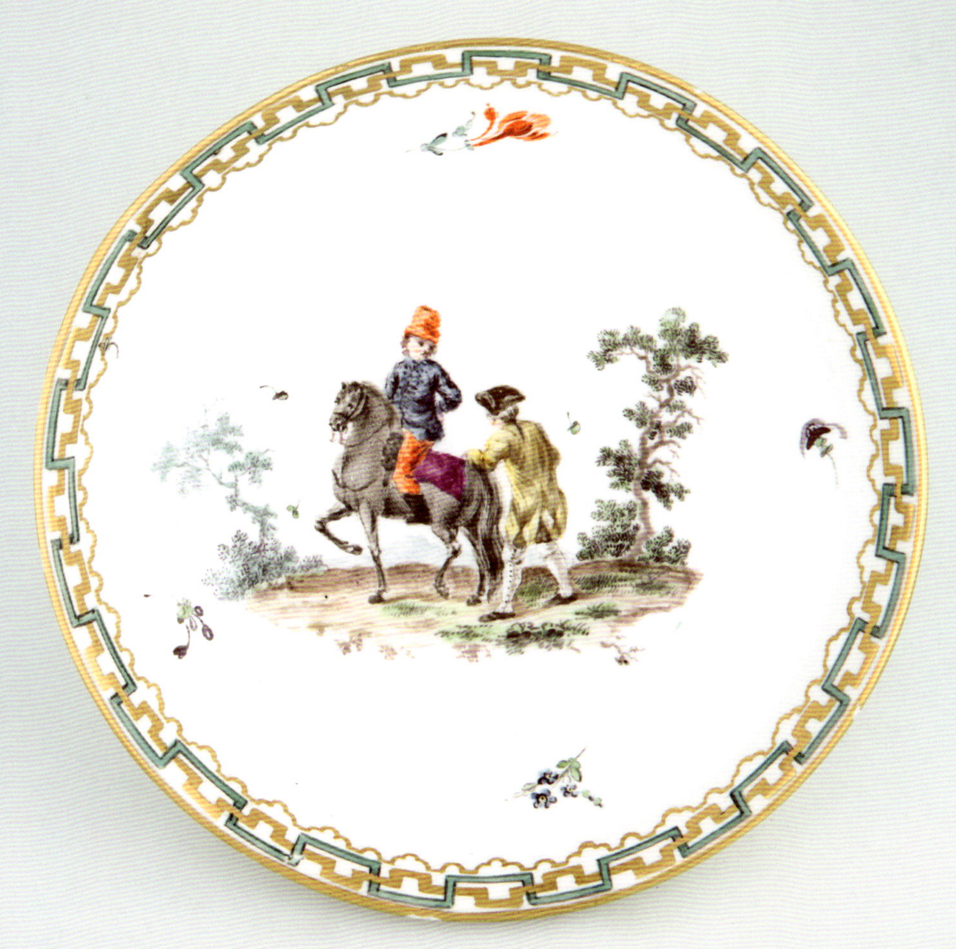

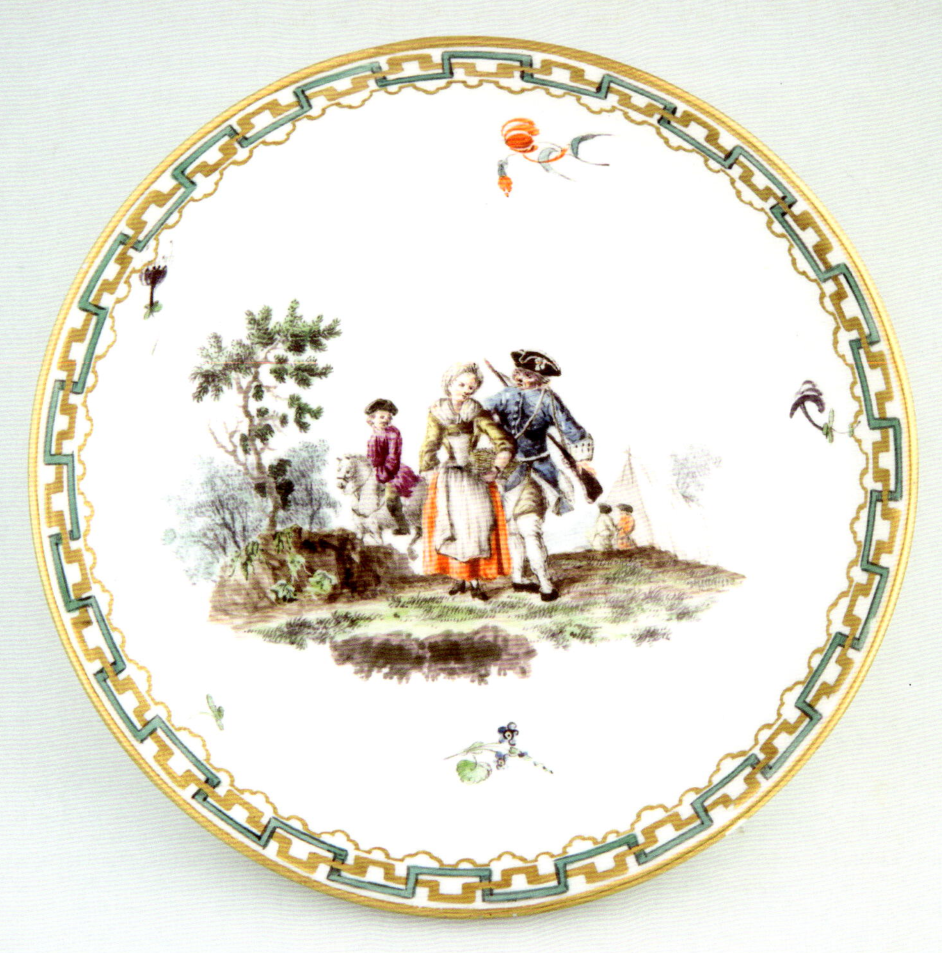

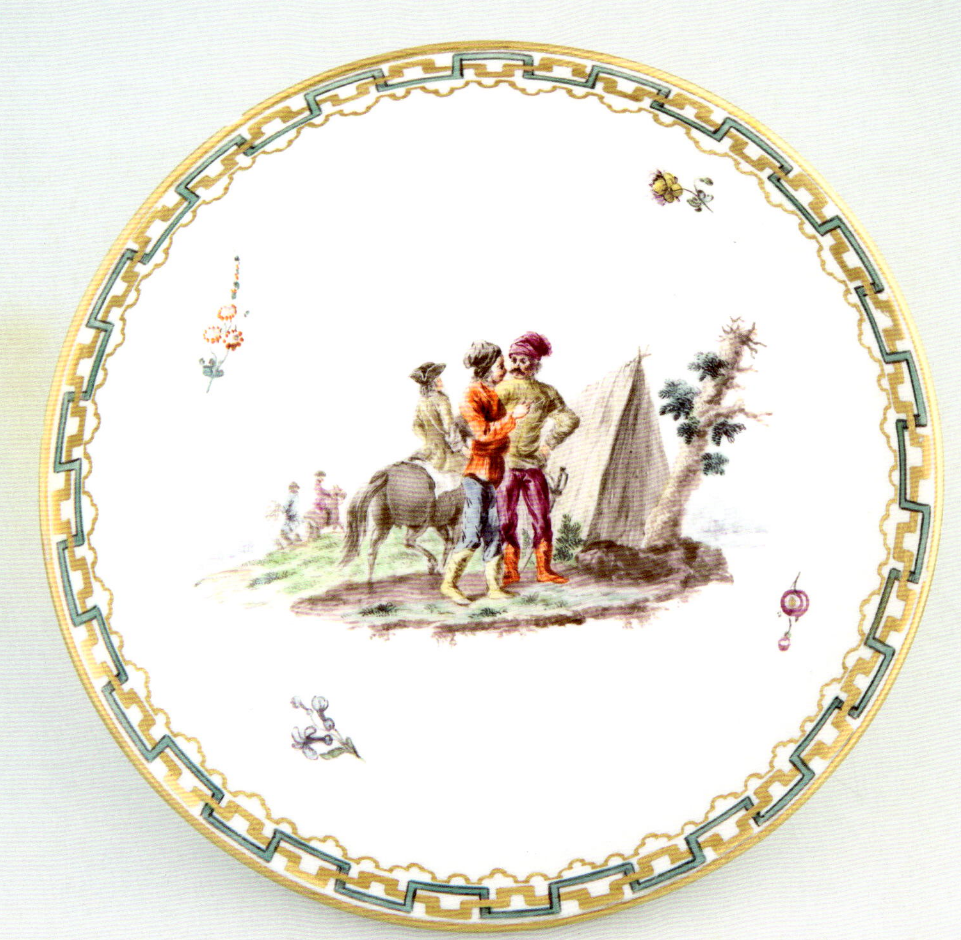